江戸時代のスパイたち

OHASHI YOSHITERU
大橋義輝

泰平の世に暗躍した才人の裏の顔

共栄書房

江戸時代のスパイたち――泰平の世に暗躍した才人の裏の顔◆目次

序章　それは写楽の謎から始まった

浮世絵との〝縁〟

のっけから私事で恐縮だが、私の師匠の一人は元S新聞のYさんである。Yさんは新聞社系週刊誌の記者からデスクを経て編集長を歴任、その後タブロイド系の夕刊紙で編集局次長を長らくつとめ、法務室長で定年を迎えた。定年後は旧友会の幹事を任されて、週二回大手町本社に顔を見せていた。

私とYさんの関係は記者とデスクであった。取材の方法、文章の書き方、モノの見方、テーマの切り口などさまざまなことを教えてくれた。以来、お互いに役職や会社が違っても定期的に会い、交流を続けていたのである。

後に私が映像の世界（テレビ局報道）に身を置く立場になっても、Yさんと報道の在り方、ジャーナリストとは、を肴にして酒を酌み交わしたものであった。

ある日、大手町の地下街の居酒屋で、Yさんが突然、

「きみにやってもらいたいものがあるんだよ」と打ち明けた。

「どんな内容ですか」と聞くと、

「浮世絵師のスパイ説」とYさんは答えた。

Yさんはかねてから浮世絵を趣味に持っていたことを知っていた。Yさんは続けて言う。

「実はきみにこのテーマで調べて欲しいんだ」

私に協力を仰いできたのだ。かつてのデスクと記者の関係は、まだ続いていると言わんばかりにYさんは言い放つ。

けれども当時、私は別なものを調べていた。また、浮世絵と聞くと、すなわち春画のイメージがあって関心はあまりなかった。だから、上の空で聞き流していた。

その後、Yさんが亡くなったことを知った。病死だという。すでに七十を超えたとはいえ、今の時代ではまだ若い。まして病気のことなどは一言も口に出したことがなかった。時代小説好きなYさん、浮世絵好きなYさんであった。なぜYさんが「浮世絵師のスパイ説」に関心をもっていたのか——。

Yさんの死後、私の脳裡に彼の言葉が芽のように残った。時間が経つにつれて芽が少し

ずつ大きくなる。不思議なことに浮世絵の〝縁〟のようなものが私にふりかかり、そして肥大していく。

最初の縁は、東京駅で刺殺された原敬総理を調べていた頃だった。原の外交上の師匠というべき人物（陸奥宗光）が亡くなり、当時現役の総理であった原は多忙の中、通夜に参列した。場所が浅草（現、松が谷）の海禅寺という。この寺の境内にかつて、東洲斎写楽の碑が建っていたというのだ。なぜこの寺に写楽なのか、という疑問を持ったものだが、当時は原敬のことで頭がいっぱいであったため、そのまま見過ごしたのであった。

それからまもなく自宅で資料を探していると偶然、一枚の埃まみれの封書を見つけた。数十年前に受け取った招待状であった。差出人は福富太郎。なぜ福富さんの招待状かといえば、週刊誌記者時代に〝キャバレー太郎〟として一時代を築いた人物として取材したからである。

招待状の内容は「〝キャバレー太郎〟の異名を返上して〝ビール太郎〟と自称したい云々」とあり、ビアガーデン開店のお誘いであった。私は参加しなかったけれども取材の際に、一冊の著書をいただいた。それが『写楽を捉えた』（画文堂）。福富さんは浮世絵のコレクターであったのだ。

そして私が上野駅の地下道を歩いていると壁面に大きなポスターが貼ってあった。福富太郎さんの浮世絵展が銀座で行われているという。しかし福富さんはすでに亡くなっており、結果、展覧会に行くことはなかった。

それにしても〝浮世絵〟がジワジワと私に迫ってくるではないか、と感じ始めたのだ。

写楽とは何者か

浮世絵界では昔から、写楽とは一体誰であったのか、という謎があった。これまで版元の蔦屋重三郎説や司馬江漢説、葛飾北斎説など三十人余りが候補にのぼっては消えていく。専門家から素人まで参画して謎を追っていたのは、私も知っていた。中でも関心をもったのは松本清張の『写楽の謎の「一解決」』（講談社）であった。

清張は、東洲斎写楽が浮世絵界から突然消えたのは、かのゴッホやゴーギャンと同様に梅毒に冒されて「みすぼらしい不衛生な小屋」で亡くなったのでは、と推測している。ちなみにゴッホは娼婦から梅毒をうつされて狂気に走り、ゴーギャンも移り住んだタヒチの女から梅毒を伝染されたという。

そもそも絵師は「粋人で遊び人」が多かったこともあり、清張は写楽の梅毒説を採ったのであろうか。写楽に限らず浮世絵師たちは修行の一環あるいは仕事として吉原に足を運んだり、岡場所もしくは船饅頭といわれる、いわば舟中での遊びも経験したに違いない。これにより梅毒説を導き出したのであろうか。

ご存じの通り、写楽が活躍した期間は寛政六年（一七九四年）五月から翌七年一月までのたったの一〇か月。その間の作品は切手にもなっており有名な大首絵をはじめ一六〇点余り。そして突然、忍者の如く浮世絵界から姿を消したことで、謎の人物として知られている。

清張は初期と後期の絵が変質していることに着目。なぜ変質したのか、理由は梅毒のせいで視神経が侵されたと推測している。推理作家の大御所だけあって読者を好奇心に誘う術はさすがである。

写楽について調べ始めた私は、ある寺に写楽の碑が建立されていることを知った。何でも寺の過去帳に写楽と思しき人物の記録があったらしい。むろん浅草の海禅寺ではない。埼玉県越谷市にある浄土真宗本願寺派今日山法光寺である。

このことを知った私は驚いた。この法光寺を、私は若い頃に愛犬とよく散歩していたのだ。当時、越谷に住んでいた私は、親のために墓を探していたこともあってたびたびその寺で売り出し中の墓地を訪れていた。むろんその頃は、写楽の〝写〟の字もない田園風景のなかの墓地である。

写楽の碑（越谷市の法光寺）

寺のホームページによると、法光寺は「写楽ゆかりの寺」となっている。なぜなら写楽は徳島藩の能役者・斎藤十郎兵衛であり、その過去帳がこの寺で見つかったからだ、という。

写楽の正体として、斎藤十郎兵衛はかねてから言われてきた人物である。しかしこの説は一度否定される。それは、徳島県の寺（浮世絵類考では本行寺）の過去帳が江戸時代のものではなく、その後につくられたことがわかったからである。写楽は死後に海外で評価されて人気となったため、寺が写楽にあやかろうとしたのであろうか。これにより徳島藩お抱え能役者説は崩壊し、さまざまな写楽説が飛び交うことになったわけである。

しかし徳島の本行寺ではなく、越谷の法光寺の過去帳に「八丁堀地蔵橋　阿州殿御内斎藤十良（郎）兵衛が文政三年（一八二〇年）三月七日に五八歳で死去」との明確な記述が確認された。式亭三馬の『浮世絵類考』の補記には「江戸八丁堀、写楽、東洲斎と号す」と記されており、さらに「緒家人名江戸方角分」の八丁堀の項目に「写楽斎　地蔵橋」との記述がある。八丁堀地蔵橋に東洲斎写楽が住んでいたとすれば、法光寺の過去帳の信憑性は高いものがある。

それにしてもYさんは、なぜ浮世絵師、そして写楽をスパイと見立てたのだろうか。おそらく彼は、『もうひとりの写楽』（李寧煕著）を読み、写楽は朝鮮通信使として来日して日本の軍事力や政治の国情を密かに調査するスパイであったという、大胆かつユニークな説に触発されたに違いない。そして日本の浮世絵師をスパイとして見立てて仮説をたてたのであろう。

私自身も、Yさんの言葉、福富太郎さんの封書、写楽の碑がある寺になじみがあったこと、さらに、吉川英治の『鳴門秘帖』に描かれた徳島藩のスパイ劇などが重なり絡み合って、この仮説に駆り立てられていった。

現在では写楽は『浮世絵類考』通りに齋藤十郎兵衛とほぼ確認されているから、朝鮮宮廷絵師の写楽説は消えたことになる。さらに清張の、写楽が浮世絵師界から消えた原因は梅毒による死との推定も外れたことになる。

とすれば、なぜ写楽は消えたのか。

Yさんの仮説通り、スパイに転向した可能性はあるのではないのか。

なにせ浮世絵師は、当時の世相からするとスパイの条件を満たしている。状況を素早く捉えてサッと描くことができる。情報を伝達する優れた記憶力を持っている。加えて旅から旅へ移動することも、絵師ならば不自然ではない。

江戸でウケず海外で評価された写楽

東洲斎写楽が住んでいたという八丁堀地蔵橋付近に出かけてみた。時代は大きく異なるけれども空気感を味わうためで、私の取材ルーティンの第一歩である。

上野から地下鉄日比谷線に乗り六つ目で下車。南西に歩き、東京証券取引所を左折してしばらく進むと左手に立派な七階建てがあった。この建物の壁に「郵便発祥の地」（明治四年＝一八七一年四月二十日）と表示されていた。現在は日本橋茅場町郵便局である。昔で言う飛脚の本拠地といったところか。

江戸時代、この場所には阿波徳島藩の屋敷があり、藩のお抱え能役者・斎藤十郎兵衛、つまり東洲斎写楽が住んでいたことになる。写楽が浮世絵師として活躍したのは、寛政六年（一七九四年）から翌七年一月までの約一〇か月。当時、写楽は三二歳頃であった。

二〇〇年以上の時の隔たりがあるけれども、勝手に想像を巡らせながら歩く。地蔵橋はすでにないが、隅田川と繋がっている日本橋川がある。モスグリーンの川面を見ていると、きっと写楽も同様に川の流れを見ながら思考を巡らしていたに違いない……と思えてくる。

わずか一〇か月の間だったが、写楽は猛烈に仕事をこなした。世に残された浮世絵のほかにプライベートで大名や若旦那クラスから春画の類を受けた可能性もある。写楽は一六〇点余りの作品を残したとされるが、実質の作品数は二百点以上であったかもしれぬ。当然のことながら、お抱え能役者であるから徳島藩主の許可のもとに絵師としてデビューしたのであろう。本来の能役者としての職業をいったん棚上げして絵師一直線で突っ走ったはずだ。

ちなみに東洲斎写楽という名前の由来は、さまざまな説が飛び交っている。昨今では東洲斎を本名の斎藤を「サイトウ」すなわち「斎東」ともじったのではとの声も聞く。が、私はへんに穿ったものではなく、東の洲つまり八丁堀を指す。写楽は楽しく画く、というものであっただろうと思う。版元の蔦屋重三郎が写楽に接近し依頼した際、「楽しく画けばいい」と言った可能性もあるだろう。

東洲斎写楽の大首絵（三代目大谷鬼次）

歌川豊国の役者絵は「実物よりもキレイ」に描くのに対し、写楽はデフォルメが特徴。

例えば三代目大谷鬼次の大首絵は戦後切手にもなったほど有名であるが、独特な鷲鼻が目を引く。ちなみにこの役者は、河原崎座で「恋女房染分手綱」の芝居で奴江戸兵衛の役をやっていたという。

しかしモデル本人はどんな気分だったろうか。鷲鼻に不快な気持ちを抱いたかもしれぬ。もちろんファンも同様であっただろう。まるでスラブ系ロシア人のような日本人離れした鷲鼻である。写楽の絵はどうも欠点を誇張するきらいがあり、これが不人気の要因の一つであったと思われる。

当時、能役者は歌舞伎役者に比べて人気度もスター性もなかった。演技者としての嫉妬も手伝ってか、モデルを揶揄した表現となったかもしれぬ。「能役者の方は将軍家と関りが深く歌舞伎役者よりも上」、今でいうマウントをとっていたフシがうかがえる。だからして豊国のようにさらに「キレイに描く」といった〝ヨイショ〟のスタイルをとらなかったのであろう。

写楽の浮世絵は江戸庶民にはいまいちウケなかったものの、後年、西欧人の心を虜にした。顔の表情、鼻、目、口の特徴と何やら皮肉っぽく描く手法に西欧人は惹かれたのだろうか、西欧特有のシニカルさと共有していたからと、私は分析している。フェノロサの言葉も残されている。「写楽は寛政年間に出たる荒怪なる天才なり」と。

江戸のスターたちの〝裏の顔〟

版元の出版プロデューサーの蔦重こと蔦屋重三郎は、なぜ写楽の浮世絵を発行したのか。たったの一〇か月で消えたのは江戸庶民から人気がなくなり売れなくなったからか。あるいはモデルの役者からクレームを受けて写楽自身、へそを曲げて筆を折ったのか。

逆に一〇か月間も長く写楽の浮世絵を発行し続けたのは、何か特別な事情があったのだろうか。もし特別な事情があったならばそれは一体何か。

ここであの仮説を持ち出してみる。諜報すなわちスパイと何か関係していたのではないか。スパイそのものというよりもスパイに加担させられた、ということかもしれない。

この視点から浮世絵界を眺めると、写楽だけではなく他の浮世絵師も怪しい。例えば東海道五十三次で有名な安藤広重も同様な可能性はないとはいえない。なぜなら広重は幕臣、つまり将軍直轄の浮世絵師であった。アメリカのＣＩＡも大統領直轄ではないか。広重も幕府公認のパス（通行証）を所有して関所を通過していた可能性は高い。

疑い始めるときりがない。生涯を常に引っ越していた絵師の葛飾北斎。幕府ナンバー2の老中首座と繋がっていた谷文晁の恐るべきネットワーク。絵師にとどまらない。日本地図の作成に執念を燃やし全国各地を測量した伊能忠敬。そして、強者を追い求めて全国行脚する将棋の棋士たち。さらに、医学の発展に寄与し多くの教え子を生み、輝かしい業績を残したシーボルトは、オランダ人に成りすまして日本を偵察・調査していたのだ――。かれらは情報屋としての裏の側面を抱えながら、江戸時代の日本に蠢いていたのである。

さあ、江戸の時代に思いを馳せ、スターたちの〝裏の顔〟を見てみようではないか。

第一章　東洲斎写楽スパイ伝説

千住にて

東洲斎写楽の本名は斎藤十郎兵衛、徳島藩のお抱え能役者とほぼ認定された。そして寺の過去帳により文政三年（一八二〇年）三月七日に五八歳で亡くなったこともわかった。死後、千住で火葬されたという。

江戸時代は土葬では、との先入観があったからいささか驚いた。だが当時、下谷浅草一帯の寺々には火葬施設があって、荼毘に付すたびにあちこちの寺々（一九か所）から煙が立ち上っていた。現在のようなビル群がなかったから、風の向きによって煙は上野の山へ流れる。上野の山には将軍家ゆかりの寛永寺がある。現在は縮小されているが、戊辰戦争以前は広大な広さを誇っていた。

異様な臭いを伴った煙が、樹木が林立する寛永寺周辺に流れ込み、そして漂う。縁起でもない煙に、寺は幕府にクレームを入れた。この結果、下谷浅草の寺々から火葬施設が撤去された。移転先は江戸の北に位置する千住であったのだ。寛文九年（一六六九年）のことだ。

江戸時代の地図をみると、現在の南千住にあたる。火葬場と記されており、すぐ近くに「仕置場」とある。仕置場とは処刑場のことである。品川の鈴ヶ森と並んで、ここにあった小塚原刑場は江戸の二大刑場であった。この「仕置場」で罪人が処刑されると、火葬されずに土に埋められた。大雑把に埋めたために野犬に掘り出されることもたびたびであったという。

当時、この千住あたりの建物といえば西光寺くらいしかない。少し離れて浄閑寺、そして吉原遊郭へつづき、江戸を水害から守るためにつくられた日本堤へと繋がっていた。

下谷浅草から五三昧《ごさんまい》（火葬寺）が一斉に集められた千住に、江戸各地から棺桶が運び込まれたのである。なにしろ江戸は百万都市で、年に三万人の死者を出したこともある。現在のコロナのような伝染病や、感染すると即亡くなるコロリ病（コレラのこと）が流行し、さらに虫歯による細菌が体内にまわり敗血病を引き起こすことも多かった。そしてなによりも、十歳未満の死亡率がきわめて高かった。

それだけに火葬場には棺桶が積まれている有様で、当時の浮世絵も残っている（「項痢《ころり》行記」仮名垣魯文）。荼毘室から炎が噴き出ており、もうもうたる煙が天に向かって流れている。周辺には、荼毘の順番待ちの棺桶が幾重にも並べられている。遺骸群から漏れてくる臭気は想像を絶していたに違いない。

写楽が亡くなったのは、現在の四月一九日にあたる。桜の散った晩春であった。八丁堀の徳島藩屋敷内にある一角の家屋から火葬場までは二里強、約九キロである。写楽の遺骸を納めた棺桶はどのように運ばれたのか、少なくとも人力であったことは想像できる。浅草を過ぎると一段と寂しいエリアに入る。火葬場あたりは雑草の生い茂る茫漠且つ寂寞たるところで、野犬やイタチなど野生の動物も多く、カラスの鳴き声も不気味さを増していただろう。

写楽の棺桶は約一時間半で千住の火葬場に到着した。そして荼毘に付されるまで順番待ちであった。浮世絵に描かれている如く、遺体が多く運び込まれて処理するのには時間がかかる。ドライアイスのような保冷剤もなく、まして晩春である。腐敗速度も速く、想像しただけで悪臭が迫ってくるようではないか。もっともこれに従事していた人たちは、つくづく大変であっただろう。

私は写楽の死後の足跡をたどるべく、浅草からスカイツリーラインで出かけてみた。三ノ輪、南千住一帯はかつて浅草山谷から千住宿の間に位置し、ちょうど町が途切れるところである。写楽は火葬され煙となって立ち昇り、風に乗って北にたなびいたであろう。煙になれば武士も町民もみな同じ……そんなことを思いながら千住の土手を歩く。

写楽の仮面を外して千住で煙《けぶり》となるまでの約二五年間、彼は一体どこで何をして暮らしていたのか。私は、情報屋すなわちスパイとして徳島藩と江戸を行ったり来たりしたのであろう、と思っている。点と点を結んでいけば、この仮説が多少なりとも明らかになるのではないか――。

家族はいたのか、いなかったのか。平賀源内のように生涯独身のままだったのか。はたまた葛飾北斎のように子供がいたのか。疑問は次々に湧いてくる。

徳島藩主・蜂須賀家

まずは能楽の面から見てみよう。写楽はもともと能楽のワキであったのだ。

「能」にはさまざまな流派がある。世阿弥を祖とする観世宗家。このほかに宝生流、金春流、金剛流、喜多流の五つである。『浮世絵類考』の補記によると写楽は金春流に属し、能役者の名は「春藤」といったらしい。「斎藤流ワキ役、江戸住春藤治良兵衛」である。

シテ方（主役）ではなくワキ方であるから、一時的に能の職を休んで浮世絵を描いていたのだろうか。この金春流宗家は今も続いている。

能の演目は人気の平家物語や源氏物語、あるいは洒落や笑いを伴う狂言ものであった。現代でもそうであるように、代々継承されるケースが多い。写楽の親も能関係であった可能性は高い。

写楽は宝暦一二年（一七六二年）に阿波で生まれている。徳島藩の参勤交代で親と共に江戸に来たのは明和元年、三歳頃と思われる。将軍は十代家治。徳島藩主は九代蜂須賀重喜、二七歳。金春流宗主は七一世の禅憐である。

能は歌舞伎と同様、幼少期から学ぶ世襲制である。もちろん実子のいない場合は養子を貰い跡を継がせる。ちなみに家康によって設立された将棋界でも、名人は世襲制であった。いくら実力があっても家元以外から名人になれなかったのだ。「カエルの子はカエル」という言葉に象徴されるこういった風潮は、江戸、明治、大正と続き昭和の半ばまで残った。

写楽が五歳の頃、明和六年六月に徳島藩に大きな出来事が起きた。藩主の重喜が、強制的に隠居を命じられたのである。理由は「贅沢すぎるぞ、遊びがすぎるぞ」とのお上《かみ》のお達しであった。藩の財政の悪さを指摘され、責任を取らされたのだ。重喜は八丁堀の徳島藩の屋敷から追い出され、江戸小名木（現在の江東区・墨田区周辺）の辺鄙な場所へ移された。

藩主を継いだのは重喜の長子・治昭（後に喜昭）で、当時まだ九歳だった。お上の命令とはいえ時の将軍家治ではなく、事実上の権力者、田沼意次であった。なぜなら家治は将棋に熱中し、政治や人事に関しては田沼意次に丸投げ状態であったからだ。

蜂須賀重喜の贅沢を戒めた田沼意次自身は、賄賂の本家本元、原点ともいう側面を持った人物で、田沼邸には連日、金品を持参して多くの人々が長蛇の列をつくっていた、という。

なにしろ凄まじかった。贈り物の内容や身分によって部屋も選別されていた。それぞれの部屋の廊下にも人の波。意次と対面する際は、当然のことながら刀剣類は外されている。したがって控えの間には刀剣類がズラリと並び、けだし壮観であった。

官位の昇進にも金品を贈らなければ昇進はできなかった。たとえば長崎奉行となるには二千両、勘定奉行は一千両とかの話も洩れ伝わっているほどだ
「はよう、もっと、ちこうに寄れ」などと言いながら高価な贈り物を見てニンマリする意次の顔が浮かぶではないか。田沼と客との間は二、三尺。一メートルから一メートル三十センチの距離しかなかった。

これまでの袖の下にそっと金銀を包むといった控えめさは姿を消し、意次への賄賂は豪

華絢爛たるもの。田沼家の家紋は七曜紋である。紋入りの着物類を贈与するのは当たり前、中には子息の一人が午年と聞けば馬を描いた掛け軸、屛風、太刀の金具にいたるまで江戸中からなくなるといった噂まで出る始末だった。中秋の名月の宴では大きなマグロ二尾に竹籠に生きた鯛七、八匹を贈呈する者がいたという。さらに、大きな京人形が届くと開けてびっくり！　美しい京都の舞妓が現れたと、まことしやかに伝えられている。

意次の腹心、たとえば勘定奉行の松本伊豆守や赤井越前守も賄賂にあやかったという。これら田沼家の様子はホントかどうかは定かではないが、江戸庶民が尾ひれをつけて大げさに語ったものだろう。つまり意次に対し、批判的な視線があったということだ。

そんな意次に浪費を咎められ、蟄居を命じられた蜂須賀重喜の心中はいかばかりか。意次に対する嫌悪感にとどまらず、恨み憎んだとしても当然の感情であろう。

徳島藩主をクビとなった蜂須賀重喜は、表舞台から消えた。あらたに藩主となった年端もいかない息子を陰で支え、コントロールしたのは間違いあるまい。したがって徳島藩全体に睨みをきかせる立場となったのも自然なことではある。ここで、絵心に長けたお抱え能役者の写楽をうまく活用した、と私は推測している。

写楽は浮世絵師デビュー前に観松斎という蒔絵師の下で働いていた。つまり蒔絵の下職人である。いつから蒔絵の下職人をしていたのかは定かではないが、おそらく二十代半ば頃ではないだろうか。師匠の観松斎の腕は徳島藩ではもちろん幕府まで届いていただろう。当然、田沼意次の耳にも伝わっていた。そこで意次はさらなる権力と地位を固めるために将軍家治に贈り物をした、と思われる。

時の将軍、家治の将棋好きは半端なかった。将棋本（『象戯攷格』）まで書いてしまう。もちろん実践も強かった。時の八世名人・大橋宗桂と平手で闘い勝ってしまったのである。この時の棋譜が今に残されている。将棋に少し心得のある私は棋譜をチェックしたものの、名人に忖度の部分はみられなかった。忖度をうけるほど屈辱的なことはなく、対局相手に失礼にあたるからだ。

それにしてもこの快挙は、現代の藤井聡太八冠に岸田文雄総理大臣が平手で勝ったようなもの。トンデモないことだ。したがって将軍家治は七段の免許を授与された。まさに将軍職をなげうってプロの棋士を目指さんばかりの勢いであった。

かような業績に田沼意次が黙っていたわけはなかろう。趣味人の将軍と出世欲の強い役人。意次にとって権力基盤を固めるのにうってつけの状況だ。たとえば、蒔絵入りの将棋盤をプレゼントしたのではないか。その将棋盤の蒔絵は徳島藩の観松斎が担当し、そして助手として写楽、すなわち斎藤十郎兵衛が手伝いをしたのではないだろうか。

写楽自身が将棋を指したかどうかの記録はない。しかし八丁堀に住んでいた写楽の周辺には将棋所があった。将棋所では全国からの俊才が日夜将棋の修行をしていた。現在の奨励会のようなもので、素人相手に稽古をつけて小遣い稼ぎもしていた。身分制度のあった江戸時代にあって、絵師、戯作者、各藩の武士、豪商の若旦那、一般庶民らが集い、さながら交流の場となっていたのである。こういった場所がスパイの温床となりえたことは、想像に難くない。そういえば寺小屋はスパイ養成機関の側面もあったという。それだけ当時は、スパイが重要な仕事であったのだ。

鉄砲を重視した徳島藩

私は、かつて東洲斎写楽の碑があったという浅草の海禅寺に手掛かりを求めて訪ねてみた。この寺は蜂須賀家の準菩提寺といわれ、通称・阿波様寺と呼ばれた。本来の菩提寺は徳島市にある興源寺で、家政ら蜂須賀家の歴代藩主が眠っている。

海禅寺は明暦の大火（一六五七年三月）により神田地域から浅草（松が谷）に移転された。〝阿波様寺〟の境内、墓地をぐるりと散策してみた。写楽の碑は今は残っていないが、一体どのあたりに建っていたのだろうか。もっとも昔は広大な敷地であったが、現在ではかなり縮小されて寺の墓地を一巡するのにそれほど時間はかからない。墓地には蜂須賀家という名前が刻まれた墓石は二つ。また写楽の本名である斎藤と同じ名前の墓石は一つあった。もっとも写楽とはまったく関係がないであろう。墓石も昭和につくられており、写楽を匂わせるものはまったく見当たらない。

なお、蜂須賀家の二つの墓石も、他に比べて特段に大きなものではない。なにしろ徳島市の菩提寺、興源寺では徳島藩二代藩主、忠英の無縫塔は日本最大の四・二メートルといい、威厳を放っている。これに比べて阿波様寺では並みサイズ。名前が同じだけでかなり遠い親戚であろうか。

阿波様寺こと海禅寺（松が谷）

寺の第二四代住職に訊いてみた。

「住職になってまだ一年です」と、後藤獨山住職（四八歳）が優しそうな面立ちで前置きして「ここ（海禅寺）は二回の災害に遭っています」。

二回というのは、大正一二年九月の関東大震災と、昭和二十年三月の東京大空襲である。このために阿波様寺こと海禅寺は二回焼失している。

「ですので、写楽の碑がどの辺りにあったのか、残念ながら資料は残っておりません。ただ昔、阿波様寺といわれていた通り蜂須賀家の墓はあります。また写楽の本名（斎藤家）と同じ名前があるといっても写楽の子孫関係ではありません」

浅草界隈にあった十九か所の寺院に五三昧（火葬場）が敷設されていたとの記録があるが、と質問すると、

「ゴサンマイ？　どういう意味ですか。火葬施設？　江戸時代は土葬ではなかったのですか」

たとえ住職でも古い話だから分からないのも仕方あるまい。

さて、徳川幕府は徳島藩を恐れていた。もちろん徳島藩だけではなく仙台藩、加賀藩、尾張藩など他藩にも目を配っていたであろう。なにしろ参勤交代という人質的な政策を作って幕府の安寧をはかっていたのだ。慶安四年（一六五一年）、幕府転覆を狙った慶安の変すなわち由比正雪によるクーデターが勃発している。が、これは幕府側の優秀な情報屋が事前にキャッチして握りつぶすことができた。いつ体制転覆が企図されてもおかしくない時代、幕府は厳しく情報班を充実させていたと思われる。

ちなみにこの由比正雪は、軍法学者でもあり大名や旗本らの門下生も少なくなかった。

当然のことながら弁は立つ。しかも将棋が強かった。二世名人大橋宗古と左香落の一戦を残している（『壺蘆圃雑記』国会図書館蔵）。

幕府が徳島藩を恐れたのは、その軍事力ゆえであった。最先端の鉄砲の製造に熱心であったからである。

当時、徳島藩は他の藩に比べて圧倒的に多い鉄砲数二〇〇〇丁を所有していた（阿波国報告書）。このため江戸幕府は徳島藩の軍事政治、経済状況を調査するためにスパイを送り込ませていたというのである。『阿波近世用語辞典』（高田豊輝編著）によると、「伊賀士や郷宅の徒士に臨時に命じた忍びの職務。他藩の内情を探り、あるいは藩内士民の動向を調査し、あるいは犯人の探索を行う。天狗の仕業に見せかけて暗殺した」疑いもあったのである。

さらに、伊賀役と称した忍びの者は「特殊な探索業務であり、暗殺業務」であったといわれている。それだけに幕府は徳島藩の動向に目を光らせていたというのだ。

ご存じの通り、鉄砲（火縄銃）がポルトガル人によって種子島に伝えられたのは天文一二年（一五四三年）八月のこと。領主（種子島時尭）が一年後に地元の刀鍛冶職人・八板金兵衛を使ってコピーを製造させて以来、鉄砲は各地に広がった。特に織田信長は鉄砲隊を編成して長篠の戦いで絶大な効果を挙げ、鉄砲の威力を見せつけたのは歴史が証明している。

この信長に仕えて功を成したのが蜂須賀正勝である。通称、小六。もともとは尾張藩であり、豊臣秀吉の股肱《ここう》の家臣であった。つまり秀吉の手足となって働き、もっとも信頼された家来。秀吉にとっては、日吉丸の頃の己の姿に重ねていたのかもしれない。正勝はその後、蜂須賀家の家祖となった。この正勝の子息の家政《いえまさ》が徳島藩主（一八万石）となり城を築く。庶民は喜び合い、踊った。これが阿波踊りの起源となったのである（諸説も存在するが）。

蜂須賀正勝は鉄砲という武器の実力を熟知し、息子の家政にしっかりと伝えた。優秀な鍛冶職人の集結する堺で鉄砲づくりに着手したのである。この情報がスパイによって漏洩されて幕府に流された。ゆえに幕府は徳島藩を恐れたのである。

田沼時代とその終焉

写楽が活躍した時代はいわゆる田沼時代である。賄賂が横行する世であったが、一方で文芸や娯楽が盛んであった。浮世絵、春画、戯作、洒落本が人気となり、綺羅星の如く人材が輩出した。鈴木春信、喜多川歌麿、安藤広重、もちろん東洲斎写楽。浮世絵から戯作までこなすマルチな才の山東京伝、滝沢馬琴ら枚挙に暇がない。近松門左衛門や井原西鶴ら上方出身が活躍した元禄時代の前期町人文化に対して、後期町人文化とも言われている。

写楽の住む八丁堀の一角は賑わっており、今でいう歌舞伎町のような場所だったかもしれない。一杯飲み屋や居酒屋が立ち並び、人が行き交う。賑やかなだけでなく、三味線、端唄が聞こえる風情もあった。江戸庶民がリラックスできる湯屋もあった。〝花のお江戸〟は楽しいところという噂は各地に広がり、奉公人をはじめ旅人も集まって来た。お土産として浮世絵や洒落本を買い、再び東海道から帰還するパターンであったらしい。

この活況の中、大いに儲けたのは蔦屋重三郎（通称、蔦重）であった。吉原近くにあった小さな書店から江戸一番の版元になった蔦重は、タレント性のある人材を見つけて自宅に住まわせて修行させ、デビューさせる出版プロデューサーであった。蔦重が抜きんでていたのは、才能を見抜く目利きに加え、世間が何を求め欲しているのか、という目利きである。目利きとは情報通であらねばならない。

当然、田沼意次は蔦重の存在を知っていたはずだ。文化、文芸の花が開いたのも蔦重の貢献があったからこそだ。賄賂の横行と同時に賭博も大流行したような世相、蔦重や豪商などが金満を生んだ。田沼邸の〝名物〟、金品を持参する長蛇の列に蔦重も並んだクチに違いない。その際、田沼と情報交換をしていたのではなかろうか。ひょっとすると田沼は蔦重を通じてお好みの絵師に春画を依頼していたのかもしれない。

将棋に淫し治世に関心のない道楽人、第十代将軍家治。大胆な財政政策を打ち、半面で賄賂の横行など風紀に緩かった役人、田沼意次。そして鋭い目利きとパトロン気質で文化的基盤をつくり上げた蔦屋重三郎。この三人が同時代に存在したことで、江戸の町人文化が全盛期を迎えたのだ。

さて、権力を握った田沼意次は、自らの基盤を固め始める。田沼は長男の意知《おきとも》を若年寄に抜擢させたり、甥の意致《おきむね》を次期将軍候補、家斉（一一代となる）の側近（御用取次役）にさせるなど〝田沼色〟を強めていった。こういった動きに対し、一介の成り上がりが権力を手に入れたことに対する反発が起こる。反家治・反田沼派勢力が形成され、そもそも江戸の町は風紀が乱れているという声をあげ始めたのだ。

やがて田沼時代も終焉を迎える。きっかけは長男・意知の刃傷事件であった。

天明四年（一七八四年）五月のこと。江戸城内で若年寄の意知が刀で襲われた。まるで忠臣蔵のように殿中で斬りつけられたのである。意知はこの傷がもとで約一週間後に亡くなった。三五歳だった。

襲ったのは旗本の佐野善左衛門。犯行理由は、いくら金品（賄賂）を贈ってもなかなか出世できなかったからだという。「まだ足りん」といわんばかりに嫌味もいわれたのだろう。だが、それだけならまだ我慢は出来たのかもしれない。佐野の地元、下野国にある佐野大明神を田沼大明神に変更、乗っ取りをはかったという話も伝わっている。

もともと身分は高くない田沼家だ。元来、紀州藩の足軽の家柄であり、〝米将軍〟といわれた八代将軍吉宗の家来であった。『世界人名辞典』（東洋編）には意次について、「遠州相良城主、老中。（略）一五歳の時、徳川家重の小姓となり、家重就職の後、一七四八年小姓頭となり次第に累進。一七五八年大名に列し相良の地を与えられ、家治就職の後、一七六七年側用人、一七七二年老中となる」とある。

小姓という低い地位から大出世したのだ。身分制度の厳しい封建社会では極めて異例なケースである。それだけ飛び抜けた才があったに違いなく、間違いなく弁も立ち、上役から可愛がられる素養もそなわっていたのであろう。それだけに、出世すればするほど、育ちの悪さにコンプレックスを抱いていたのは自然である。

佐野は殿中で「覚えがあるだろう」と田沼意知に三回怒鳴って斬りつけた。時の実力者である父の威光をバックに、よほど意知は態度も横柄であったに違いない。

この乱心の結果、浅野善左衛門は切腹を命じられることになった。享年二七。事件の事情を知った江戸庶民は浅野に同情的であった。庶民の生活は一向に豊かにならず、田沼の治世に不満を抱いていたからである。浅野は浅草・徳本寺に葬られた。現在、台東区の史跡に指定されている。

この刃傷事件の時、のちに東洲斎写楽となる斎藤十郎兵衛は二二歳であった。蒔絵師の観松斎の下絵職人と能役者のワキ役をやっていた頃である。当然、この事件を耳にしていたであろう。浅野の行動とその結末に、何かを感じたかもしれない。

「二七歳で人生を終えるのは早すぎる。いくら私怨があったにせよ、カッと激情するのは愚かなこと。別の手もあったはずだ」

直接行動に出ずとも、黙して相手の情報を盗みプランを潰していく。情に流されずにドラスチックに事を進める――スパイの真骨頂だ。

息子を亡くし、さらに田沼は追い込まれる。天明六年八月、最大の後ろ盾である将軍家治が心不全で死去。享年四九。だが死因に関して、田沼が勧めた医師の薬を飲んでまもなく死去したことから、毒殺ではないかとも噂された。そんな噂が立ってしまうのも、恩を仇で返すという田沼への風当たりがそれだけ強かったのではないか。

権力闘争の余波

田沼時代は瓦礫が崩れるように砕け散っていく。将軍は一一代家斉となり、老中に松平定信が就く。反家治・反田沼派のリーダー的な人物である。祖父は質素倹約を旨とした享保の改革の主導者、八代将軍吉宗。定信は日ごろから「将軍になれなかったのは田沼意次のせいだ」と私怨を抱いていた。それだけに敗色濃厚な〝田沼色〟の一掃を実践した。世に言う寛政の改革の始まりである。

まずは風紀紊乱の発行物を世に出したとして、蔦屋重三郎がターゲットにされた。財産の半分を没収されてしまったのだ。そして蔦屋から依頼を受けた絵師や戯作者も罰を食らった。当時、浮世絵兼戯作ものと八面六臂の活躍をした流行作家、山東京伝は手鎖五十日の刑であった。

蔦屋重三郎は早くから山東に目をつけており、二人はプライベートで日光・中禅寺湖に旅をしている。天明八年（一七八八年）のことである。ちなみに山東は二九歳であり写楽よりも一歳上。

花形浮世絵師の喜多川歌麿も同様な罰を課された。手鎖だから筆を握ることはできないわけだ。だが、京伝の弟子とも言うべき滝沢馬琴が代作をしたと言われている。

改革は庶民の楽しみであった銭湯にも及んだ。これまでは男女混浴であったのが禁じられたのである。

こうした引き締め策により、本来の江戸の活気は失われていき、地方から江戸へやってくる観光客も激減した。江戸の町は不景気となり、仕事に従事する者の給金も下がり、帰郷する者も後を絶たなかったという。

まるで田沼時代の逆張りのように厳しく、痛みを伴う政治が、庶民に受け入れられなかったのである。寛政の改革はわずか六年で幕となった。松平定信は老中首座を辞職した。定信に代わって次期老中首座に就いたのは松平信明であった。

かようなタイミングで写楽は蔦屋重三郎の元から浮世絵師として登場した。だが、あっという間に忍者の如く姿を消したのであった。

話は若干前後するけれども、田沼時代は文化文芸が花開いた一方で、自然災害に見舞われた不運な時期であった。浅間山噴火や頻発する地震、そして大洪水による凶作が続き飢饉となったのだ。意次は基本的に人の意見、アイディアには耳を傾けていた。良きことと判断すれば実践に移す。凶作が続くと稲作のための広大な敷地の蝦夷地（現、北海道）の開発に乗り出す。あるいは印旛郡の干拓事業を実践する（結果、失敗に終わった）。

権力闘争を緩和する手として、婚姻関係を築くこともあった。いわば政略結婚である。一一代将軍家斉は一六人の妻妾を持ち、五三人の子供をつくった。そのうちの一人の男子は、のちに徳島藩の一三代藩主となった蜂須賀斉裕《なりひろ》である。

ちなみに東北エリアに勢力を伸ばしていた仙台藩に関しても述べておく。家康が六六歳の時にできた子供、市姫は伊達政宗の嫡男、伊達忠宗と婚約。だが、市姫は三歳で夭折してしまった。このように子供は権力闘争の道具にされたのである。

しかし、姻戚関係を築いたとしても決して油断はできなかった。今日の敵は明日の味方かといわれるほど混沌とした時代、それがために情報屋すなわちスパイが暗躍し、跋扈する時代といえるのであった。

定信が老中首座から追いやられたのは、独善的な行為に走り、それが将軍家斉の怒りを買ったからだ、といわれている。年齢は定信の方が一四歳年上。ゆえに家斉を軽視していたのだろうか。しかし家斉は前将軍の家治と違って、将軍としてのプライドとガッツがあった。結果的に歴代将軍のなかで五十年間という長期政権を築き、歴代一位となっている。

家斉に追いやられた定信はおもしろくない。ならば家斉の足をひっぱるという非協力的な態度に、心は変換されたに違いない。

ここまでを整理すると、田沼意次に私怨を抱いていたのは隠居を命じられた蜂須賀重喜である。一方、松平定信も己が将軍になれなかったのは田沼意次のせいだとやはり私怨を持っていた。つまり重喜と定信は田沼意次に対して共通の感情を抱いていた。この二人が密かにタッグを組み、写楽の登場と消失に関わっていたのではないか、というのが私の見立てである。

写楽、空白の一五年間

もう一度確認しておこう。東洲斎写楽は宝暦一二年（一七六二年）に生まれて文政三年（一八二〇年）に亡くなった。享年五八。三一歳で浮世絵師としてデビューし、三二歳で姿を消した。

寛政七年一月に東洲斎写楽が消えたことになっているが、実際は前の年（寛政六年）の一二月にすでに絵を描き終え、版元経由で彫師に渡っているものと思われる。写楽は次の〝仕事〟の準備に取り掛かっていたのではないか。要するに一月初めには東海道から阿波へ向かったと考えられるのである。

ここで気になる書物がある。俳諧師の小林一茶の『第七日記』だ。一茶は松尾芭蕉を敬愛するものの、実際の師は栗田樗堂《ちょどう》という松山藩の人物だった。栗田樗堂に会うためにたびたび松山入りしており、寛政七年二月一日にも道後温泉に行っている。この時、「道後温泉の辺りにて」と題して、

寝転んで蝶泊まらせる外湯哉

という句を残している。時に一茶は三二歳であった。

このとき、写楽が二月一日に道後温泉にいた可能性はないとはいえない。阿波と道後はそれなりの距離はあるものの、四国随一の名湯に赴き、旅の疲れを癒したかもしれない。小林一茶と斎藤十郎兵衛こと写楽の二人が浴場で会っとしたら、どうだろうか。年齢もほぼ同じ（写楽が一つ上）、ともに俳人と絵師というクリエイティブ分野での共通性。加えて情報を介する役割を担っていた、としたら……。皮膚感覚ともいうべき親近感を覚えて、二人は挨拶程度の言葉を交わしたかもしれない。

かような場面が私の脳裡に浮かぶ――。

「いい湯だの～」湯客の声が広い浴場にこだました。

「道後が一番じゃの～」と坊主頭の男が高い天井に目をやり応えた。一茶である。

「おぬしの言う通りでござる」とやせ形の男は言葉を放ちながら両手で湯をすくい、顔をひとなぜした。写楽である。

テレビやネットない時代である。お互いにどこの誰かとも分からない。

「どこからおいでなすった」

「江戸じゃ」

「江戸っ子ですかい」

「これからどちらへ」

二人は〝同じ匂い〟を感じながらも、お互いに距離を測りながらしゃべっていたかもしれぬ。


人伝で情報が飛び交ったこの時代である。一癖ありそうな人物には、用心するに越したことはない。隠密、密使、密偵、間者《かんじゃ》、間諜《かんちょう》らの専門職から、浮世絵師、俳人、連歌師、探検家、測量士、将棋指（棋士）あるいは今でいうマスコミのルーツとも言うべき瓦版も含まれよう。さらに宿場町の按摩師や酌婦など、生きた情報に触れることができる連中も隅に置けない存在であった。フェイクも垂れ流されていたであろうし、今の世とあまり差異はなかろうか。


写楽の三二歳から五八歳までの二六年間の明確な足跡は不明である。が、江戸から東海道を経て阿波の国へ行ったり来たりの闇の活動をしていたならば、五十過ぎで遠路を歩くのは過酷であろう。伊能忠敬の場合はスペシャルであり例外だ。

写楽は五十過ぎから亡くなるまで江戸・徳島藩の下屋敷の一角に住んでいたに違いない。

とすれば三二歳から四七、八歳ぐらいまで江戸から阿波、阿波から江戸を行ったり来たりしながら情報収集にあたっていた、と思われる。年月にすれば約一五年間――。この間の写楽の具体的な動きを解き明かさねばならない。

写楽が一一歳の時（安永二年＝一七七三年）、重喜は療養のためと称して阿波国へ帰っている。そして大谷別邸に住んだ。ところが重喜が阿波国に戻って一五年後のことだった。幕府は「重喜の贅沢三昧」を批判して江戸に戻り蟄居せよと命じたのである。阿波庶民の不満・窮状を知った幕府のとった措置だ。天明八年（一七八八年）八月のことであった。結果、重喜は大谷別邸から狭い富田屋敷に移り住んだことにより江戸行きを免れた。江戸に戻れば危険が待っている。最悪の場合、暗殺されて「天狗の仕業」にされかねない。これが徳島藩の危険人物を消すやり方であったからだ。

そもそも大名クラスは庶民に比べて常に贅沢であり、「贅沢三昧」とはどんな内容であったのか、明確な記録はない。有り体に言えばこれは表向きである。情報屋を介して裏取引があったのであろう。裏取引があったからこそ重喜は阿波に留まることができた。どんな裏取引あるいは闇取引があったのだろうか。

情報収集に常にアンテナを立てている蔦屋重三郎は、江戸八丁堀にある徳島藩下屋敷に所属する武士から噂を耳にしていたと思われる。蔦重は幕府側の下級武士とも繋がっていたし、徳島藩の情報も幕府側に漏らすなど機をみるに敏であった。

幕府が徳島藩の黒幕、重喜に命令を下した天明八年八月、折しも蔦屋重三郎と山東京伝の二人は日光へ旅をしている。蔦屋重三郎は出版プロデューサーであり、山東は絵師であり戯作者であり洒落本作者でもあり、当時の流行作家であった。

この年に山東は妹よねを病で失い、精神的に落ち込んでいた。そこで蔦重は声をかけて気分転換にと日光へ誘った。蔦重と山東は仕事だけの間柄だけではなかった。それが吉原だ。

蔦屋は吉原大門の前で遊女のガイドブック『吉原細見』を販売して当てたし、加えて親が吉原に勤めていた。一方、山東京伝は最初の妻は吉原の遊女。その後、妻は病死した。再婚したのは再び吉原の遊女（百合）であった。したがって何か仲間意識のようなものを感じていたのかもしれず、肚を割って話し合える仲であった。

この二人が日光街道を駕籠に揺れながら向かった。江戸から日光まではおよそ五十里。いくつかの宿場町を経て日光に到着した。日光と言えば家康、家光の墓がある。二人は参詣を済ませた後に中禅寺湖へ。

一体、何を話題にしていたのだろうか。茶店でお茶と菓子を食し、湖面に写る男体山を

見ながら、

「(重喜が) 江戸に来なくなったのは、何か交換条件があったのは間違いなかろう」

「蔦殿は見る目が高いからのう」

「おそらくいずれ姻戚関係を結ぶということではなかろうか」

「お上(家斉)の若と阿波との絆であろうか」

「そういえば八丁堀の阿波邸に蒔絵の下絵職人の若いもんがおるが、絵がなかなか上手い。いつか描いてもらいたいが……」

「蔦殿は絵を見たのか」

「草木の絵だが、細かい部分をしっかりと描いておる。徳島藩じゃから取り込む手はある」

この時、斎藤十郎兵衛すなわち写楽は二七歳であった。

忽然と消えた後に

蜂須賀家の阿波国文庫は蔵書五万冊とも六万冊ともいわれる膨大なものである。現在、徳島県立図書館にすべてではないがデータが残されている。が、調べによると東洲斎写楽の記述はない。浮世絵の一枚すら残されていないのだ。あたかもタブーの如く触れてはいけない存在ではないか。

絵といえばこんな記述がある。蜂須賀家お抱え絵師が、第十代藩主の重喜の二人の娘、戴姫と寿代姫に絵を教えたという。狩野派の絵師、矢野典博である。したがって矢野が写楽という説もあるらしいが、私は別人であると思っている。

写楽は徳島藩のため、蜂須賀家発祥の地である尾張国を一つの拠点にしていたと考えられる。尾張には菩提寺の蓮華寺もある。現在でも蜂須賀城の跡に碑が立っている。

写楽が密かに尾張藩に情報収集に行った際、目にしたのが藩主の子供たちであった。当時、尾張藩の藩主は第九代の徳川宗睦《むねちか》であった。宗睦には二人の実子と数名の養子、養女がいた。養女の万寿姫はまだ八歳前後の頃だろうか。実父は将軍家治。黒子の写楽は庭で兄たちと遊ぶ光景を見て、筆を持つ衝動に駆られたに違いない。絵師としての本能が垣間見えた一瞬であろう。

なぜそんな光景が浮かぶかと言えば、知人の東京藝術大学名誉教授・前野まさる氏と、かつて何度も食事をしたことがあった。浅草、上野、台場、東京藝大内の学生食堂。ちょっとかわいい子を見るとバッグから画帳を取り出して筆を取り、サッと描いてしまう。相手は気がつかぬ間の早業。手渡すと相手は大喜びする。こんな光景を限りなく見てきた。

写楽も、絵師として筆を折ったものの、描きたい衝動に駆られていた瞬間があったのではないか。

写楽は五十を過ぎてからは徳島藩の下屋敷の一角の屋敷で過ごし、能楽のワキ役としての指導をしていたのかもしれない。あるいは五十過ぎてから足腰が弱って歩行が困難となった可能性もある。

結局、写楽は徳島藩の下屋敷の一角で生涯を終えた。当時の平均余命は五十、とはいえ写楽は五八歳まで生きのびたのである。

写楽の具体的な仕事は情報屋として黒子となって活動したことであろうが、それ以外に主に二つが考えられる。徳島藩と言えば鉄砲の製造が盛んであったことは前述したが、鉄砲の把手のデザインの監修的なことに関わっていたのではないか。なぜなら写楽の頭の隅には、同世代で八面六臂の活躍をしていた山東京伝のことがあっただろうからだ。

山東には浮世絵師、戯作者、人形浄瑠璃作者、洒落本作者のほかに、もう一つの顔があった。それは畑違いのデザインだ。

山東は父親（伝左衛門）から受け継ぎ、京橋銀座一丁目に「御紙煙草入山東京伝見世」という店をもっていた。ここで朱色の小洒落た煙草入れを創作して売り出していたのだ。

店の様子は歌川豊国の筆による浮世絵で残されている。店内には日本髪の艶やかな女たちが数名、煙草入れを購入して持参していたり、侍の客や算盤をはじく店員、店の奥には山東京伝らしき人物が文机に座っている姿が描かれている。

この煙草入れは江戸で流行した。当然、写楽も知っていたであろう。八丁堀と京橋銀座とは比較的近い。このことから写楽も、山東京伝と張り合って鉄砲のデザインの分野に挑戦して徳島藩に貢献したのではないか。

もう一つの役割は絵の技術を生かしたものだ。養子縁組の多かった時代である。藩を増強するための、いわば政略結婚は頻発に行われていた。絵師の大事な仕事として、権力者やその関係者の肖像制作がある。見合い写真の代わりに相手側に渡す絵を描いていたのではないか。もちろん、徳川家あるいは他藩の大名クラスを対象とした、徳島藩のメリットになる縁談にまつわる仕事だろう。

さて、徳島藩は予算をかけて淡路島に砲台を造った。鉄砲の徳島藩の面目躍如たる威厳を見せつけたのである。しかし軍事に金を投入したしわ寄せは農民へ。年貢の増額に怒った農民は一揆を起こし、この責任を取らされるかたちで藩主が交代した。とはいえ息子に譲っただけである。そして天保一四年（一八四三年）、一三代徳島藩主が誕生した。斉裕《なりひろ》、二二歳である。この斉裕、徳川将軍一一代家斉の二二番目の男子だ。斉裕が六歳の時に徳島藩一二代藩主の斉昌の養子となったのだ。

もう一度言う。徳島藩の第十代、蜂須賀重喜は秋田藩佐竹義道の四男で、蜂須賀家に養子となった。重喜は男女あわせて二十人（男一六人、女一四人）の子だくさん。一方、一一代将軍徳川家斉も五三人の子だくさん。前述した通り、子供を政治的な道具につかって勢力拡大の狙いをもっていたのだろう。

重喜の息子、喜昭が一一代として徳島藩主を継ぐ。この頃に徳島藩お抱え能役者の斎藤十郎兵衛が東洲斎写楽の名前で浮世絵師としてデビューした。能楽の師匠は金春流宗主、七一世禅憐だ。

そしてデビューから一〇か月後、写楽は浮世絵師の看板を捨てて徳島藩のために黒子の情報屋となった、と私は捉えている。そして江戸と阿波を行ったり来たりしていたのだろう。だが、五十過ぎとなり足腰も弱くなって江戸・八丁堀の徳島藩下屋敷に住み、能楽のワキ役の指導をやりながら過ごしていたのではないか。

東洲斎写楽の愛した女

葛飾北斎のように結婚して娘も絵師となったり、あるいは山東京伝のように二回結婚していたり、さらに旅から旅と各地に赴き俳句を作り晩年となって二十歳以上も年下の女性と結ばれた小林一茶のような結婚の記録は、写楽にはない。というか写楽は結婚しているかどうかさえ分かっていないのである。かといって生涯独身を貫いた平賀源内の如く、少年愛の噂もない。

写楽は徳島藩のために黒子となって闇の世界で活動した。だとすれば結婚は障壁となり、妻といえども危険だ。なぜなら妻から機密が洩れて人の手に渡るケースもあるからである。藩のための情報屋として旅から旅に暮らし、機密に関わる闇の世界の存在であったとすれば、結婚はなかなか難しい。

そしてもう一つ。画家あるいはアート的に天才と称する人に独身者は少なくない。たとえばかつて一世を風靡し、「芸術は爆発だ！」の言葉を残した画家・岡本太郎。哲学者にも独身は少なくないといわれ、その代表はカントだろう。結婚よりも自分のペースで生きていくことを重要に思っているのか。確かに私の周囲にもそのような才気走った人物をよくみかける。

ひるがえって写楽はどうだったのか。あまりにも短い活動期間と謎めいた人物像、鮮烈で圧倒的な画風。それらを考えるに、彼が生涯独身であったとしても何ら不思議はないばかりか、ふさわしいように思えてくる。

とはいっても写楽は女嫌いではなく、むしろ女好きではなかったか。

江戸に戻って来るたび、写楽は仕事（連絡業務）を済ますと、心を許す女《ひと》の元にむかったのではないか。写楽にとっては心の寄り処であったと思われる。豊国や歌麿が描くような美人では決してない。今風に表現すれば〝陰キャ〟であるかもしれない。けれども女の故郷は尾張だと聞き、蜂須賀家との縁を感じ取ったであろう。

女は口数も少なく常に聞き役に回っている。この女は写楽の住む八丁堀から約一・四里の所にいる。それほど遠い距離ではない。いつものように笑顔で迎えてお茶を出す。朱色の煙草入れから阿波生産のキザミを取り出し煙管に詰め込む。火をつけて女が一服吸った。キザミに上手く点火させてから写楽へ手渡す。いつものルーティンであった。

坊主頭に小柄な写楽は、ふだんめったに煙草に手を出さない。この女と会う時だけだ。神経を使う駆け引きもまったく必要はない。リラックスができるから阿波産の煙草の味は格別であった。

「お久しぶりでございました。会えてうれしい……」

女は写楽が常に旅へ行くことを知っていた。写楽が旅の話をするからである。が、所詮飛脚の類だろうとの勝手な理解であったかもしれぬ。

阿波産の煙草の味をふかして、

「そなたの顔を見ると、ここが」と心臓辺りに手を置き、「あったかくなるんじゃ」

「つけましょうか」と女は座を立ち、再び現れて杯の盆を運んできた。

どんな事情があったにせよ、この世界に飛び込んできた女だ。それなりの苦難を背負っているのだろう。一般庶民からお忍びの大名クラスまで幅広く大門をくぐって来る。そしてこの世界からさまざまな情報が発信された。

流行作家の山東京伝の妻はこの世界の出身であったし、一介の書店から江戸一番の版元となった蔦屋重三郎の親はこの世界で働いていた。母はここの出身で父は番頭であったのか。大門のこちら側は、洒落本、戯作、浮世絵と枚挙の暇がないほどネタの宝庫ともいえた。なかでも前代未聞の事件が起きたのは寛文五年のこと。越中守の永井尚房の横死、つまり腹上死である。当時二九歳。この若い世嗣の顚末は、瓦版の格好のネタとなり江戸中の話題となった。

かように庶民から大名、豪商の若旦那たちが行き交うこの街で、写楽も客の一人に含まれていたに違いない。客の階層によって女のランクづけもあって、最上級は太夫《だゆう》といった。客は大名たちや豪商クラスで占めていたのであろう。写楽の場合、蔭のある女、苦労を背負っている女に惹かれていたのではなかろうか。

傘寿を超えた私は、荒川の土手を歩きながら写楽の五八年の人生を考えていた。昭和時代、「写楽は一体誰か」と一大ブームがあった。ほとんどが司馬江漢、葛飾北斎、蔦屋重三郎、円山応挙らと〝別人説〟であった。が、推理界の巨匠で私の敬愛する松本清張は、「写楽は写楽」と言った。まさにその通りである。けれども過去帳の発見により「写楽は斎藤十郎兵衛」であったことがわかった——。

東洲斎写楽こと斎藤十郎兵衛が馴染みの女から受け取った煙管を口にくわえて気持ちよさげに一服する光景が目に浮かぶ。このひと時こそ、「音もなく臭みもなく智名もなく、勇名もなしその巧、天地造化の如し」を実感して満たされた気持ちになったのではないか。徳島藩や徳川家のことなど微塵も頭を掠めなかったであろう。

第二章　旅に生きた絵師、安藤広重

火消の天才絵師

旅から旅へ暮らし、難なく関所を通過できること。そして権力との繋がりがあること。この二つを兼ね備えていれば、情報屋すなわちスパイの疑義の可能性はある。とするならば、東海道五十三次を描いた浮世絵師、安藤広重は十分にその資格がある。なにしろ幕臣つまり将軍直轄の浮世絵師であったのだ。

もちろん絵師として東海道の名所を描くのが目的であったにせよ、副次的に各藩の情報収集も担っていたことは、想像に難くない。

当時、安藤広重の東海道五十三次の浮世絵は大ヒットとなり、江戸の土産の一つとなったほどであった。

「江戸へ行ってきたぞ」と広重の浮世絵を見せて自慢する人もいたであろうし、友人知人あるいは両親を喜ばせたりする格好の小道具となったに違いない。写真も動画も撮れない時代である。そこでしか売っていない土産物は、江戸へ行った証でもあった。

今でも旅人は常にスマホで各地の名所などを撮っている。思い出づくりという旅人の感情は、江戸時代も現代も変わりあるまい。広重の繊細な筆使いの浮世絵に人々は惹きつけられた。今日でも東海道五十三次は人気を誇っている。それだけ広重は、浮世絵師として強烈に人々の心に残されているのだ。

海の向こうの世界的な画家にも多大な影響を及ぼしている。たとえばゴッホやモネ、ピカソらが広重の絵を参考にしていたことは有名な話である。もっともこれとて外国人が日本を〝偵察〟した際、日本から密かに浮世絵が持ち出されたからにほかならないが。

だが、別な角度からスポットライトを当ててみると、広重にも情報屋あるいはスパイとしての側面が浮上してくる可能性はあるまいか。

まずは安藤広重の略歴から見てみよう。

広重は寛政九年（一七九七年）に火消同心、安藤源右衛門の子として江戸で生まれた。幼名は徳太郎。火消同心とは現在の消防庁のようなものである。火消は当時、三つに分かれていた。大名火消と定《じょう》火消、それに町火消である。火事の現場によって火消のランクづけがあったとは、格差の顕著な江戸時代である。広重の父は江戸城を守る重要な定火消同心であった。定火消同心は駿河台、四谷門外、半蔵門外など江戸に十か所あり、広重の父は八代洲河岸（現在の八重洲）に所属していた。江戸城の傍であり、いってみれば火消のエリートであった。

広重は一二歳の時に父の後を継ぎ、火消同心となる。まだ子供であるが、これは源右衛門の病の都合。広重が火消しを継いでまもなく源右衛門は死亡した。母親を亡くし十か月後に今度は父親を失った。一二歳の広重にとって、心痛はいかばかりであったろうか。下に妹、上に二人の姉はいたものの、長男として柱にならねばならないといった重責に押しつぶされそうにもなっただろう。

火消しといえば、紋入りの羽織に鉢巻姿で纏《まとい》を持ち、屋根の上で逞しく振り火事を知らせる活発なイメージである。それに対し広重は、火消しの活動よりも絵筆を握っているイメージだ。幼いころから絵心があった広重は仕方なく親の後を継いだのであろう。とはいえ、火消同心の職の傍ら絵に対する関心が高まり、歌川豊広の門下生となった。広重、一五歳の時である。

文政四年（一八二一年）、二四歳の時に結婚。相手は火消同心の娘であった。火消同心をやりながら絵筆を握って風景画や美人画を描く。今風にいえば二刀流である。

養祖父の嫡子（安藤仲次郎）に家督を譲ったのだが、まだ八歳のために広重は火消同心を続けていた。仲次郎が一七歳になってから火消同心職を辞して晴れて絵に専念することとなる。広重二六歳の時であった。

広重の画才は幕府の知るところとなり、やがて「公用で東海道を」との依頼を受ける。幕府から直々に、東海道の名所を絵にするように命じられたのだ。広重は「これで絵一本に集中できる」と渡りに船の心境であったにちがいない。東海道を公費で旅し、関所もパスできるこの仕事は、願ったりかなったりだったはずだ。

大ヒット作「東海道五十三次」

この頃、時代は寛政の改革後の時期であった。財政再建を目指し緊縮財政策を取ったこの改革は、その前の田沼時代に乱れた風紀を引き締め直す厳しい側面もあった。江戸への客足は鈍り、〝商売上がったり〟の状態となった江戸からは、仕事師や丁稚小僧も国許に帰るようになってしまった。人々が行き交っていた東海道にも、かつての賑わいはなくなっていた。

もっと活気のある東海道にしたい。そして江戸をさらに元気にさせなくてはならない……かような状況を打開するのに安藤広重が利用された、と思われる。

もっともこれは、あくまで幕府側の表向きの意向である。

東海道の浮世絵を画くことを通じて、各地の藩から情報を得ることができるのではないか——老中首座や老中など幕府の要職周辺から、こんなやり取りが聞こえてきそうではないか。

「定火消同心に絵の上手い若い者がいるらしい。そ奴を利用できぬかな」

「定火消同心なら信用もあるわい。東海道の各藩の情報も偵察させるのじゃ」

「一石二鳥じゃの」

「名案でござる。早速話を進めるとしよう」

結果、広重の東海道五十三次は思いのほか大ヒットしたのだった。幕府側もこれには驚いただろう。

広重が情報屋をも担っていたとして、浮世絵と情報屋の割合は八対二ぐらいか。本人に情報屋の意識はなく、浮世絵師として

安藤広重肖像

自己認識していたに違いない。情報は「ついでに」集めるという軽い気持ちであったのだろう。

とはいうものの、この「ついでに」という軽い気持ち、あるいは「ついでに」の情報こそ、歴史を変える重要なファクターになり得るケースも少なくないのだ。

安藤広重に東海道の名所の浮世絵を依頼したのは天保年間。江戸崩壊のわずか四十年余り前のこと。異国船がたびたび現れ、攘夷を巡って国中がざわめき始めている。すでに幕府崩壊への足音がひたひたと迫っていた時期、幕府はその足音を肌で感じて危機感を抱いていたに違いない。ならばどうするか——情報収集である。絵師としてメキメキ腕をあげている広重に狙いを定めたのではないか。家柄は定火消同心だ。申し分はない。

絵師という肩書を前面に出す一方、蔭で情報屋の役割を担ってもらう。東海道諸国で旅の道すがら耳にした、どんな些細な情報でもいい。写楽が徳島藩をバックにしていたのに対し、広重は天下の幕府だ。その活動の規模も大規模だったことがうかがえる。

広重はいつ日本橋を立ち、京都三条へ到着したのか。『広重』（内田実著、昭和五年、国会図書館）によると、天保元年、「八朔御馬進献の儀」に広重は同行した、というのである。

これは、将軍家所有の馬を毎年朝廷に献上する儀式である。日本橋を出発するのは七月七日から九日の間。八月一日には馬を京都御所の朝廷に献上しなければならないからだ。

この儀式の本来の狙いは、朝廷の動きを偵察することであったと思われる。朝廷一派の反発を恐れていたからであろう。身分的には将軍の上に天皇がいる。天皇を担ぎ出そうとする朝廷一派は幕府にとっては警戒すべき存在だ。朝廷の偵察という目的において、馬は単なる狂言回しに過ぎないであろう。

東海道を広重に画かせるのは、いわば隠れ蓑。実際は、朝廷の動きを浮世絵師の目線で微細に観察させるために広重を同行させたのではなかろうか。天保元年七月に日本橋を出発したとすれば、広重は三四歳の頃である。写楽が情報屋となった年齢とほぼ同じ。忍者のような若さや肉体を必要とせず、絵師という職業を看板に情報収集するには、頃合いの年齢であろうか。

さて、当時の天皇は第一二〇代仁孝天皇である。一一九代光格天皇の第四皇子で妃は鷹司繋子（新皇嘉門院）。仁孝天皇はかねてから皇族や公家の子弟の教育機関の設立を望んでいた。教育機関を必要とした理由は、皇室の慣わしや歴史を学ばせることにより、皇室をより強固なものに、という目的であろう。

けれど設立するには多大な費用を要する。幕府の協力なくして無理であった。そこで交渉窓口に徳大寺實堅を任命した。交渉はお互いの思惑を秘めながら、反徳川との関連を巡り、押したり引いたりの駆け引きではなかったのか。

結果、教育機関の設立は合意された。それが後に現在の学習院となる。


ところで広重にも、写楽のように謎めいた側面がなかったわけではない。広重は東海道に足を運んでいなかったのではないか、という説があるのだ。その理由は、確たる記録がなく、司馬江漢の描いた東海道に似ているからというもの。さまざまな説があってもいいだろうが、私は絵師の本能として実際に現場に行き、筆を執ったと見ている。

たしかに、広重には葛飾北斎のように版元は蔦屋重三郎といった明確な記録はない。仙鶴堂とか保永堂と曖昧である。さらに東海道五十三次は鶴屋の企画で、「真景東海道五十三次続絵」と五五枚を発刊したとも言われている。

僧衣姿のスパイ絵師

遠州相良藩はかつて田沼意次が城主であった時、破竹の勢いであった。一万石から五万七千石に急成長。城の建設を担当したのは老中の井上伊織で、田沼とはズブズブの関係であった。一一年の年月を費やして三重櫓の天守閣を築き、田沼の権力をアッピールした。さらに東海道藤枝宿から分岐する街道を整備して火事対策に乗り出し、瓦焼きを奨励するなどインフラ整備にも力を注ぐ。街道は田沼街道と呼ばれた。

しかし広重の活躍したころには、田沼勢力は力を失い影を潜めた。

とはいうものの、歴史は復讐の繰り返しとも言われる。没落したとしても再び鎌首を擡げるケースもある。江戸時代、天下分け目の戦いで徳川家康率いる東軍が西軍を破った。西軍の総大将は毛利輝元。徳川家と対立し倒幕を目指すが敗北した。憎きは家康といいたいところだが、輝元の後を継いだ毛利秀就は、家康の孫娘を正室に迎えたのだった。そして松平家を名乗った。権力争いの複雑怪奇な側面が見え隠れするではないか。

要するに敵・味方がちょっとしたことで変るのだ。このちょっとしたことの意味に大きく関わっているのが、実は情報屋なのではあるまいか。

情報屋の介在によって歴史は変わるが、情報屋は目立ってはいけない。あくまで黒子に徹して動く。たとえ功績があったとしても、決して表には出ない。表舞台に立つのは権力者、大名クラスである。したがって情報屋は歴史に名前を残さない。残してはいけない。

広重は実際に五五か所の絵を残している。それぞれの地で得た各国の事情は、浮世絵に何らかの影響を及ぼしたのだろうか。

広重の旅の格好は僧衣姿であった。松尾芭蕉にしても小林一茶にしても、僧衣の姿で旅をした。理由は、相手に安心感を与える効果があるからだろう。仏に仕える身という雰囲気を醸し出し、悪い人間ではないと印象づけることがまず大切である。相手側に隙が生まれれば、結果的に情報は取りやすくなる。

日本橋を出発して九番目の宿場が小田原である。ここで広重が描いたのは酒匂川だ。大和武尊《やまとたけるのみこと》が東征に際し、神酒を川に注ぎ龍神に祈念したと伝えられている。広重はこの川を手前に、小田原城を遠景に置いて描いた。そもそも小田原城は西からの反徳川勢力を防衛するための城だった。城の屋根瓦は徳川家の家紋と同じ「三つ葉葵」である。当時の城主は大久保忠真である。

実はこの大久保忠真、妻（正妻）は蜂須賀治昭の娘である。治昭は徳島藩主で写楽の上司という立場であった。東洲斎写楽が黒子になって一年目の寛政八年に忠真は家督を継ぐ。忠真は第七代小田原藩主となって財政改革に乗り出す。そして松平定信の推挙により老中となった。

人間模様の複雑な絡み合いの裏に、情報屋の存在が見え隠れするではないか。

また忠真は蝦夷地を調査し間宮海峡を発見した間宮林蔵の調査力、情報力を評価して、小田原藩の公人として採用した。間宮はその後、幕府所属の隠密となって全国各地に出没した。その一つの成果は、密貿易の実態を掴んだことだ。これがやがてシーボルト事件の発覚に繋がっていったのである。

さて、小田原藩の歴史資料によると、この小田原城を訪問した将軍は、家康の七回を筆頭に二代秀忠が四回、三代家光が一回。以後、将軍の訪問はなく、すっぽり空いた後、最後は一四代家茂二回となっている。つまり広重の時代は、それほど小田原藩と徳川将軍家の関係が深かったとは言えない時期にあたる。

東海道五十三次・小田原

僧衣姿の広重は、「御馬献上の儀」の一行とともに暑い盛りのなか、小田原藩の関所に到着した。関所には小田原城から赴任した伴頭という責任者がいた。この配下に横目付け、番士、定番、女性専門にチェックする見女というものを含めて二十数人余りが厳しく監視をしていたのであった。

殺人などの凶悪犯の逃亡者については人相書きを所持していた。顔に黒子《ほくろ》や傷などの特徴を詳細に記したものだ。さらに反徳川勢力と思われる人物かどうかを見分けるのも大事な仕事であった。似ていると言われて足止めを食らう人も少なくなかったと思われる。

女性の通行手形は御留守居証文というものであった。手形には、旅する女性の素性や旅の目的、行先のみならず、髪形、顔・手足の特徴などが細かく記載されており、この内容と当人が一致しなければ、関所は通れなかった。そして、参勤交代先の江戸から情報を携えて郷里に戻る、いわばスパイ行為を取り締まるために、幕府は見女を置いていた。

広重は朝廷へ向かう幕府の一行の一人であったから、最敬礼といった趣で応対されたであろう。まして、東海道を画くという目的の絵師であったから、小田原をアッピールするために広報担当ともいうべき役人も駆けつけていたはずだ。

広重は藩の役人から小田原名所の説明を受け、何気ない日常会話を交わす。

「ここ（小田原藩）はどうじゃろうか」。広重は絵師の顔をしながら探りを入れる。

「古い人間とそうでない者とのいざこざはありましてな。殿は新しいものを望んでおるが、古い者は嫌がっておる」と、藩の役人が声を落として耳打ちする。

「よくあることじゃのう」と笑い飛ばす二人の場面が浮かぶ。

小田原藩は財政窮乏の策として藩政改革に乗り出していた。藩主は小田原出身の二宮尊徳にその仕事を託す。尊徳といえば金次郎である。戦後の小学校では全国的に二宮金次郎の像があった。薪を背負って本を読む姿だ。

この尊徳に小田原藩主の忠真は、金千両や蔵米を支給して小田原の復興を依頼していたという。この政策に反対していたのが保守系の藩士たち。この改革はその途上、藩主の忠真の急死によって頓挫してしまった。

小田原から藤枝へ

さて、広重は俳人の芭蕉のように弟子を伴っていたという記録はないが、画材の持ち運びや雑用も兼ねた二十歳前後の助手を伴っていたと思われる。

一行は小田原を後にして箱根へ向かう。箱根では「湖水図」を描く。三島神社では、旅の安全祈願をしたであろう。広重は江戸に残した妻のことが頭を過ったのかもしれない。江戸では流行り病でコロリと亡くなるケースもある。そして三島で「朝霧」を浮世絵として残す。

一四番目の宿場町は駿河国の吉原。幕府領であった。江戸から京へ行く途上、この吉原からみる富士山は唯一、左手に見える。広重はこの名所を浮世絵に描いた。「左富士」である。当時は松が防風林となって林立していたが、現在は一本だけ残っている。

吉原を後にした広重は由比へ。暑い盛りで、汗を手拭いで拭いながら一行とともに街道を進む。由比といえば倒幕を興した由比正雪の生家があるところ。「由比根元記」によると、正雪は弥右衛門の次男。家は農業をしながら紺屋、つまり染物屋であったようだ。家業を継がずに江戸へ出て、軍法学者（軍事の専門家）となったのである。戦の戦略を好み、将棋も強かったといわれている。棋譜も現存しており、対戦相手は時の二世名人・大橋宗古。ハンデは左香落ち。由比正雪は楠松雪の名前で対局している。この「楠」は、楠木正成にあやかっていたということらしい。

なお、勝負は一四五手で正雪が六四歳とはいえ二世名人を破っている。『壺蘆圃雑記』（国会図書館蔵）には、「寛永一六年巳卯五月十一日於備前殿　此時の備前殿と申ハ因幡殿家也　少将殿見物也」と記されている。

由比正雪は徳川幕府を倒す計画をすすめたが、事前に幕府側に情報が洩れた。当時の幕府の人相書きが残っている。

「せい　ちいさく　色白く　髪黒く　まなこくりくりして　ひたい短く、くちびる　あつく　がっそうにて候」。がっそうとは総髪のこと。

由比のクーデターは失敗し、割腹自殺した。慶安の乱である。広重は知らないはずはないだろう。広重はさった峠から望んだ富士山の雄姿を見て、助手に景色を感嘆して呟く。

「街道を歩いてきた甲斐があったのう」

「ちげーねえでござる」

「天のお怒りを（富士の爆発）誰も防げねえのう。乱は防げたがのう」

宝永四年（一七〇七年）一一月、富士山は噴火している。自然災害ではどうにもならぬ。が、慶安の乱は人事で大事《おおごと》となった、と広重はさった峠から富士山を見て助手に呟く場面が私には浮かぶのである。

広重は由比では薩埵《さった》嶺で絵筆を握った。その後、興津、江尻、府中に立ち寄り、次々と浮世絵を画く。けれど耳寄りな情報はなかったと思われる。そして二二番目の藤枝宿に到着した。

藩主（田中藩）の五代、本多正意《まさつぐ》は文武両道を奨励し、有望な若者に「江戸へ出よ。そして学べ」と勧めた。剣の達人を招き子供らに指導させてもいる。四代藩主の正温《まさはる》はわざわざ遠い松江藩から武術家（仙田政芳）を招く熱の入れようであり、学問のシンボルともいうべき湯島聖堂の再建に関わった。

広重が訪れた際、邸宅に招かれてもてなしを受けた可能性は高い。なにしろ浮世絵や俳句に関心があり、俳句集『花のさち』を残している。浮世絵も北斎や写楽、歌麿の愛好者の父を持っていたのが六代藩主の正寛《まさひろ》であった。

「広重と申す者、もっとちこうに寄れ」

「はは〜」と僧衣姿の広重は少し恐縮し頭《こうべ》を垂れた。広重の後方に助手が控える。他に正寛の家来が二人、畏まって座していた。広重は若干、正寛との間をつめた。

「もう決まったのでござるか」

浮世絵の場所を聞いてきたのである。

「まだでござる」

「しかるに、城（田中城）はいかがかのう」と藩主の本多正寛は候補地を挙げた。

「城は絵になるでござる」と家来も正寛の言葉に同調した。

広重は正寛の一挙手一投足を観察。チラ見だけで正寛の像が脳裏に焼き付くのは絵師ゆえであろうか。目元に哀愁が残っているのは先代の父、正意が亡くなって日がまだ浅かったせいであろうと広重は見抜く。

「北斎の東海道はよきものじゃのう」

「わしも慕ってござる」と相槌を打つ。広重は子供の頃から葛飾北斎の絵を手本にするほど敬愛していた。正寛はさらに、

「忍者の如く煙となった写楽に街道を画いて欲しかったがのう」

「写楽は人しか描かん。景色はござらん」

「広重殿、絵を期待しておるぞ」

本多家はこれまで順調満帆ではなかった。天災が相次いで出費もかさみ財政がひっ迫したからである。改革に乗り出すも効果はなかった。民は多額の取り立てに不満を爆発させ、百姓一揆が発生した。

東海道五十三次・藤枝

正寛は農民との妥協点を見出して一揆を収束させた。が、代わりに扇動した人物（増田五郎右衛門）を捕らえて処刑、一件落着するという経緯があった。広重は詳細を承知せずとも百姓一揆があったことは知っていたことであろう。

広重のこの藤枝で、城ではなく画題に「人馬継立《じんばつぎたて》」を選んだ。旅（公用）をする人たちの荷物を宿場から宿場へ馬で送る場所だ。現代風に言えば貨物列車の駅といったところか。

広重の絵には馬が三頭描かれている。この馬を引き連れていく男たちは数人、一丁褌《ふんどし》にねじり鉢巻き、わらじ履き姿である。夏だからか、ほぼ裸。事務処理の商人《あきんど》や侍も描かれている。当時の生活の一端がうかがえる浮世絵だ。

写楽と広重

朝廷へ御馬を献上する儀の一行に随行した広重と助手は、三一番目の新居宿（舞坂）へ。新居宿には本陣が三軒。本陣とは大名や公家、幕府要人など特権階級が休憩や宿泊するところで、一般庶民は旅籠屋であった。

記録によると、広重の頃の東海道には一〇九軒の本陣と二九五二軒の旅籠屋があった。広重は当然のことながら本陣泊まり。おそらく一行は新居宿で疋田本陣に泊まったと思われる。敷地約三千坪、建坪二百坪余り。主は疋田弥五郎であり、現在は資料館となっている。

当時、大量のお金を落とす大事なお客さんは幕府関係者であった。よって本陣同士が客の奪い合いとなり、紛争も頻発していたらしい。

幕府が朝廷に馬を献上するという今回のミッションは、上洛とは違った。江戸時代の上洛は将軍が伴う。家康、秀忠、家光には上洛の記録があるが、以降一四代の家茂まで空白となっている。したがって広重のケースは上洛とは言わない。

一説には三千人の大名行列というのが上洛で、徳川の権威・威厳を天下に知らしめる狙いもあった。それにしても莫大な費用を要したのは間違いない。陰での批判はあったものの、言論の自由などない時代。庶民は心の裡に何かを思いながら、ただ平伏していたのだろう。

この新居宿には今切関所があった。船を使って浜名湖を渡り、湖北の山道を抜けて関所を突破する者を防ぐためにつくられた。ここでも広重の画題は「今切真景」。

その後、広重は赤坂宿、岡崎宿、鳴海宿を経て四一番目の宮宿へ到着した。熱田神宮のある土地で尾張藩の管轄エリアであった。宮宿では赤本陣南部に宿泊したと思われる。時の藩主は第十代、徳川斉朝《なりとも》である。

尾張藩といえば徳川御三家の筆頭格。九代藩主の宗睦《むねちか》から引き継いだ十代の斉朝は、叔父が天下の将軍家斉。このため出世は早かったこと、家老の言われるままであったこと、やがて家老から無視されて藩主の立場は丸つぶれであったこと、加えて斉朝は子供に恵まれなかったことなどの情報を広重は承知していたであろう。

九代藩主の宗睦には二人の実子と数人の養子、養女がいた。けれども不運なことにほとんどが早逝してしまったのだ。実子の一人、治休《はるよし》は将軍、家治の次女、万寿姫と婚姻したものの万寿姫は病死。治休ともう一人の実子、治興《はるおき》も二一歳で亡くなった。そして建中寺に葬られた。

宗睦は寛政十一年まで尾張藩の藩主であったが、この間、東洲斎写楽は徳島藩の黒子となって尾張国を拠点にしながらスパイ活動に従事していた可能性があった。したがって宗睦の子供に絵を描いてやった、と第一章で述べたのだ。

広重は写楽の消えた当時はまだ生まれていない。長じて、写楽という名前や浮世絵ぐらいは知っていた程度であろうが、写楽と尾張国との関係は知らないものの、尾張の事情だけは知っていたに違いない。そして徳川幕府の力が低下している様を感じていたのかもしれない。

広重は宮宿で船舶を取り締まる船奉行（熱田奉行）があったものの、「熱田神事」を描いた。四八番目の関宿では「本陣早立」を描き、五十番目の水口宿へ到着した。甲賀郡に位置するところだ。甲賀は伊賀と並んで忍術が有名であった。

忍者の屋敷は一見農家だが、内部は縄梯子、落とし穴、回転戸、地下道などが仕掛けられており、映画でお馴染みである。

広重の頃も、ふだんは農業、行商あるいは山吹に従事して守り札や忍薬（飢渇丸、舟不酔薬）を売りながら、各地で諜報活動をしていた、と思われる。指令が下されると工作活動を実施して戦に出向き戦ったのであろう。

尾張藩に〝忍び〟として仕えた甲賀五人組の一人が記録に残し、今に伝えている。『渡辺家文書』である。甲賀関係史料として三重大学と甲賀市が連携して研究しているという。甲賀は古来より薬に長けている。現在も製薬会社の多いのは、その名残りである。

広重は水口宿では、干瓢《かんぴょう》を干している女性らや飛脚の姿を描いている。絵の中心には楠《くすのき》であろうか、大木が屹立しており右手に農家、その向こうに山々が連なっている。当時の風俗の一端である。

そして広重の〝陽〟に対して写楽の黒子のような、音もなく匂いも智名もなく勇名もなくといった〝陰〟が重なったと私は考える。「重なった」という意味は、時は違えども場所は同じであった可能性のことである。九代の尾張藩主の宗睦の屋敷だ。養女の万寿姫のいた屋敷である。もっとも、広重が訪問した時には万寿姫も九代藩主も亡くなっており、十代藩主の斉朝が住んでいたと思われる。この斉朝は隠居してからも「大殿」と呼ばれ、尾張では権威を誇っていた。その象徴である名古屋城の金の鯱鉾を直す事業を支えた。凋落を始めた幕府に、〝焦り〟のようなものを感じたであろうか。

時代の変わる予感

広重が一行と共に京師（京都）に入ったのは八月初旬であった。朝廷に馬を献上する儀式がやってきたのだ。当然のことながら献上する前に馬をきれいに洗浄し、鬣《たてがみ》を調えて、おめかしをして真新しい御幣を馬の背に立てたはずだ。

御所には紫の天幕が周囲に張り巡らされ、貴族や公家らは垂纓冠《すいえいかん》を被り正装姿で幕府一行を迎えた。パカパカと馬は移動して、一行は広い敷地に足を踏み入れる。樹木の枝から数羽の鳥が飛び立った。御所の御簾の向こうに第一二〇代天皇が控えている。馬の数ははっきりと分からぬが、恐らく数頭であっただろう。将軍は帯同していないとはいえ、格としては朝廷の方が上である。

天皇家には、かつては日本を治めてきた歴史がある。プライドと威厳を広重は感じただろう。幕府の代表が書状を広げて恭しく読み上げる。鳥の鳴き声だけがBGMとなっている。緊迫感の漂う時間であった。単なる献上の儀ではない。朝廷の子弟のための教育機関の設立など様々な駆け引きが双方ともにあった。広重は朝廷側の表情をつぶさに観察。威厳に満ちたたたずまいに、幕府側は圧倒されていたと思われる。

広重は何か曖昧模糊とした〝心に引っかかる気配〟を感じとったのかもしれぬ。

広重は京師（京都）での画題を「三条大橋」とした。川の流れを見ながら、広重は幕府の行く末が頭を掠めたかもしれない。東海道五十三次は日本橋をスタートして三条大橋で終点だった。「橋」で始まり「橋」で終わった。これは一体、どんな意味が込められていたのであろうか。橋を渡った先には新たな世界が待っている、といった意味であろうか。

東海道五十三次・三条大橋

安政五年九月に広重が亡くなって九年後、〝心に引っかかる気配〟は現実のものとなった。幕府が倒れ、長く続いた徳川時代は幕を閉じたのである。広重が行く先々で得た情報は、この事態をどれほど示唆していたのだろうか。

安藤広重は東京・伊興町の東岳寺に眠っている。

第三章　伊能忠敬の調査力

隠居後の挑戦

此の地から彼の地へ移動する職業に就く者が、情報を取得して、そして発信するのは自然の流れであろう。忍者の如く夜に屋敷に忍び込み、金品や書状や巻物などを奪い取る盗人とはワケが違う。「功あげ名を遂げ」て天下にその名を知らしめる一方で、スパイ的な情報屋の側面が隠されているのではないか。とするならば、「移動」という観点から、日本地図を作製した伊能忠敬も当てはまるわけである。

東京・東上野に源空寺という寺がある。それほど大きな墓地ではない。私は何度かこの墓地を訪れている。最初に訪れたのは、サラリーマンを定年する一か月前のことであった。なぜこの墓地にきたのか。理由はたった一つだ。

寛政七年のこと。五十歳となり家督を息子に譲り、長年の夢を実現するために江戸へ出た伊能忠敬。平均寿命が五十と言われている頃の第二の人生のスタートであった。寛政七年といえば写楽が黒子となった年であろう。二人は何かに触発されて動き出した。共通するのは「情報屋」の部分だろう。もっとも写楽は西へ。伊能は北へ歩き出す。

「測量を学び日本地図を作りとうござる」。この言葉を聞いた人々は、「何？　御年で？　寝ぼけておるんじゃないわい」とか「おぬし、頭は大丈夫かのう」とか「気は確かでござるか」といった類の声を上げただろう。なにしろ車のない時代に、歩いて測量なんて無謀ではないか……。

私も定年となった後、何かに挑戦する熱は持っていたい。それがため、何かのエネルギーにあやかりたいと、伊能忠敬の墓に参拝して爪の垢でも煎じて飲もうといった気分で源空寺を訪れたのだった。

忠敬の墓の隣には、天文学および測量の師匠であった高橋至時《よしとき》の墓がある。「死んだら高橋先生の隣に墓を立てて欲しい」との忠敬の遺言であったという。自分より一九歳年下の師匠に教えを仰ぎ、準備を進めていたのだった。

江戸へ出て五年目、忠敬が蝦夷（現、北海道）へ向かって深川黒江町の自宅を出発したのは寛政一二年（一八〇〇年）四月一九日のこと。時に五五歳であった。同行したのは次男・秀蔵を含めて内弟子三人と、下男二人の計六人。

一行はまずは富岡八幡宮に旅の安全を祈願をした後、浅草に立ち寄った。師匠の高橋至時の自宅への挨拶だ。そこで二人は酒を酌み交わしている。

「おぬしはお年であるから無理をせずに御体を注意なさってくだされ」

「ありがたきしあわせ。先生の教えを実行するだけじゃ」

幕府は探検家の間宮林蔵を使って蝦夷を偵察させたりしていたが、蝦夷にはロシアからの圧力が強く、幕府は戦々恐々だった。この状況下、天文学・測量学の至時は幕府に蝦夷の明確な地図の必要性を訴えた。このプランを実践したのが弟子の伊能忠敬であったわけである。

忠敬は蝦夷へ出発前、蝦夷地取締御用掛の松平信濃守忠明に申請書を提出している。一部抜粋する。

「このたび公儀の御声掛りで蝦夷地に出発できるようになりました。（略）蝦夷地の図と奥州から江戸までの海岸沿いの諸国の地図を作って差し上げたいと存じております」

出発の五日前（四月一四日）、幕府から正式に蝦夷地測量の命令が下された。当然のことながら測量とともに蝦夷地の情報収集も兼ねていたに違いない。

幕府は忠敬の派遣には検討を重ねただろう。現在ならば八十過ぎの後期高齢者に、実行部隊として「災害地の調査に乗り出すから金を出せ」と言われているようなものだ。「公費の無駄遣い」と反対する意見もあったと思われる。ボランティアなら自己責任でいいであろうが、公費を使って依頼するのに反対者が出るのはむしろ当然である。

しかし当時、ロシアからの外圧は日増しに高まっている。藁にも縋る思いの幕府は、老いた冒険者にゴーサインを出した。

「露国の情報を探るのも、老人だから怪しまれぬ。年寄りだが熱意はあるわい」

忠敬自身も心の中では「歩いて斃れたら本望」の覚悟であったに違いない。

高橋至時宅を後にした伊能一行は千住へ。ここで測量器具を運ぶために人足三人、馬二頭が加わった。総勢九人と馬二頭である。そして一日に約二十里五丁（四十キロ）を移動したという。健脚なのに驚かされる。

ここで伊能忠敬の略歴を簡単に紹介しておく。

伊能忠敬は上総国山辺郡小関村（現、千葉県九十九里町小関）の小関五郎左衛門家で生まれた。三人兄弟の末っ子。六歳の時に母が亡くなり祖父母の下で育てられた。十歳の時に父に引き取られ、その後親戚や知り合いの家を転々とした。当時の教育の定番、読み書き算盤では抜きんでた才を発揮したという。

伊能忠敬

一方で下総国香取郡佐原（現、香取市佐原）の酒造家、伊能家では跡取りの婿を探していた。娘のミチの旦那が亡くなったからである。白羽の矢が当たったのが忠敬であった。忠敬の実父の実家が酒造家であった縁であろうか。

一七歳の時、伊能ミチと結婚して婿養子となった。ミチは三歳の子持ちの二一歳、年上女房である。当初、忠敬は伊能源六と名乗っていたが、その後、伊能三郎右衛門忠敬と称した。結婚の翌年に長女イネをもうけ、三年後には長男景敬《かげたか》が生まれた。

伊能家は酒のほかに醤油の醸造や貸金業も営み、村ではトップクラスの資産家であった。伊能家の収益の一部が残されている。列記しておく。

酒造：一六三両三分
田徳（田畑の生産物）：九五両
倉敷・店賃：三十両

舟利：二三両二分
薪木：三七両三分
炭：一両一分
合計：三五一両一分

舟利とは水運事業で、佐原から江戸へ物資を運ぶ権利を伊能家が持つ。ちなみに今の金額にすれば合計で数千万円以上であろうか。

忠敬は蝦夷行きに百両を持参したという。今の金額で約一二〇〇万円也。八割がた伊能の持ち出しで、残りを幕府が負担したという。それだけ伊能は資産家であったということだ。

蝦夷地探訪

伊能忠敬の一行は、江戸を出発して二一日目に津軽半島北端の三厩《みんまや》村（現、青森県今別町周辺）へ到着した。三厩から船で箱館（現、函館）へ向かうところ、天候の悪化により八日間の足止めを食らう。さらに下男の一人が体調を崩して一行から脱落するなど想定外のことが起きた。その後一行は松前半島の南端、吉岡を経由して箱館へ向かい、海岸沿いを測量しながら進む。夜は天体観測であったという。

四月（現在の五月）とはいえ、北の地であり温暖化のない江戸時代、さぞ寒かったであろう。もっとも伊能と息子、内弟子らは観測をしばしやめて北斗七星や天の川の広がる満天の星の美しさにため息をついたに違いない。

さて、当時蝦夷を支配していたのは松前藩であった。現地のアイヌ社会とも悪い関係ではなかった。けれどロシア人の圧力に悩まされていたのは間違いない。ただ松前藩は、この悩みをひた隠しにして幕府に知られることを恐れた。理由は、ロシアに脅かされていることが幕府に漏洩すれば、蝦夷に乗り出してくるのは明らかだからだ。幕府は蝦夷地を支配しにくる。とすれば、松前藩のアイヌらとの関係など既得権益が損なわれる。松前藩はロシアと幕府から挟撃される状況であり、情報収集には相当に力を入れていたことが予想される。

ロシア帝国が蝦夷を虎視眈々と狙うようになったきっかけは、寛政四年（一七九二年）の自然災害ではなかったか。この年、日本では有史以来といわれる、犠牲者約一万五千人余りの大惨事が発生した。雲仙普賢岳の爆発によって地震が発生、大津波で人々が流されたのである。この大災害は「島原大変肥後迷惑」と言われている。

この災害発生場所は長崎・出島にあるオランダ商館からそれほど遠くに離れていないこともあって、ロシア帝国が知らないわけはない。

そもそも唯一の外国であるオランダとの窓口は出島である。海を埋め立ててできた扇型の築島、広さ四千坪にオランダ商館が存在していた。オランダ商館は東インド会社の日本商館である。出島には、オランダ人のみならず、〝なりすまし〟の外国人が少なくなかったと思われる。ロシア人もいた確率はかなり高いのではないか。ロシア人の情報屋が日本の惨事を伝えたと、私は思っている。ロシアの蝦夷地の進出と大惨事との時期が合致するからだ。

当時のロシア帝国はフィンランド、ポーランドから中央アジアのユーラシア大陸を支配する大国であった。日本を見ていないわけはなかろう。日本の惨事という弱みにつけ込んでロシア人の一行を蝦夷に送り込んだ可能性がある。

大惨事が起きたのが寛政四年四月一日。ロシア人一行が帆船でオホーツク港を出て根室港に入港したのは一〇月二〇日である。ロシア皇帝の第七代ピョートル三世が、宮廷クーデターにより殺害されて、第八代のエカチェリーナ二世（皇后）が君臨している頃であった。

根室市の歴史資料館によると、帆船エカテリーナ号でアダム・ラスクマン（後にロシア最初の遣日使節）をリーダーとするロシアの一行（乗組員四二人）は根室に上陸。根室にはアイヌ人が数十人、毛皮商人（日本人）や松前藩の侍も住んでいた。日本の身長が約一五〇センチであったのに対して、下船してきたのは身長一八〇から一九〇センチ、がっしりとした体躯の、鷲鼻のスラブ人たちであった。しかも毛皮の帽子をかぶり、手には銃やサーベルを持つ。まさに怪物、恐怖で顔が引きつっていたのではあるまいか。

大柄なスラブ人のなかでひときわ背の低いアジア顔の男が近づき、「仲間」「友だち」「友好」などの言葉をたどたどしい日本で言い、酒や煙草などの嗜好品を与えて、場を和らげた。日本から漂流してロシアに住んでいた男、大黒屋光太夫であった。男もまた、ロシアに利用された情報屋ともいえた。

大黒屋光太夫は一介の船頭だったが、暴風に遭遇してロシア領（アリューシャン列島アムチカト島）に漂着した。救助されて極寒のイルクーツクに移され、四年余りロシアに住み続けた。その間、船大工をしながらロシア語を習得。ロシア帝国の目にとまり情報屋として活用されたのである。その後、大黒屋太夫は江戸で暮らすこととなる。

この〝事件〟は、伊能忠敬が江戸を旅立つ八年前のことであった。当時の状況は忠敬の耳に入っていたはずだ。ロシア人らが根室に家を建てて八か月住んでいたこと。熊の毛皮や鷹さらに魚介類の通商を望んでいたこと。この蝦夷を支配していた松前藩は当初、ロシアの侵入を幕府に隠していたこと。これら情報を出立前に幕府側から聞かされていたに違

共栄書房

新刊案内

奇跡を起こす「波動医学」

“量子力学”が切り開く未来医療革命

船瀬俊介 著
2,200円（税込）四六判上製
ISBN978-4-7634-1114-3

ついに「神の周波数」をとらえた！現代科学・医学を根底からくつがえす量子力学、その驚異的成果
●複雑骨折の猫が走り回る「波動」の奇跡
●テレポーテーションと遠隔治療は実現している
●「ソマチッド」「水の記憶」「幽体」「霊魂」……生命の神秘を波動で解き明かす
科学、宗教、歴史……すべてを粉砕した量子力学による「波動革命」、その現在地を見よ！

生と死のしくみ

無意識から解き明かす、あなたの人生

小林秀守 著
1,980円（税込）四六判並製
ISBN978-4-7634-1115-0

生と死の秘密を握る「無意識」を、ついに解き明かした
現実の「生」と未知の「死」つなぎ、私たちの人生をつかさどる「無意識」。
この神秘の領域のはたらきを、長年の瞑想と理論研究の上に言語化し、初期仏教や深層心理学を踏まえて体系化した、人生を変えるための“実践的死生学”、ここに完成。
生と死の本質に迫り、これからの人生を変えていくために。

医療大リセット時代

脱・西洋医学のすすめ

大橋 眞
船瀬俊介 著
1,650円（税込）四六判並製
ISBN978-4-7634-1112-9

コロナ騒動に振り回された3年間……今こそ、ゼロから医療を見直すとき。野生をとりもどし、自然治癒力に目覚めよう！
いまだ科学的根拠のない「新型コロナ」／効果よりリスクが大きかったコロナワクチン／ガンの無限増殖も転移も証明されていない!／最新研究により次々とくつがえる医療常識……
異能の医学者と鬼才ジャーナリストが語り合う、大リセット後のあたらしい医療の幕開け。

明治から大正の危機を救った 大隈重信の功績

議会政治をつくる苦闘の道

鈴木荘一 著
1,650円（税込）四六判並製
ISBN978-4-7634-1113-6

佐賀の大隈は、薩長の失敗をカバーして西郷、大久保、木戸に次ぐ“第四の男”にのし上がった——
「民衆の大火事は、早稲田のポンプでしか消せない」
大隈重信の知られざる政治家生涯に迫る！
『日露戦争で日本の勝利が決定したとき大隈は、「わが国が議会制度を発足させて公議政体を実現した結果である」と述べて、大隈が取り組んだ公議体制の意義を誇らしげに語った。』（本文より）

人文・社会・法律

憲法の本・改訂版
浦部法穂 著　1,980円（税込）
A5判並製 978-4-7634-1048-1
●大学の教科書、市民の教養書として読み継がれてきたものを新判例などを追加して改訂。

世界史の中の憲法
浦部法穂 著　1,650円（税込）
A5判ブックレット 978-4-7634-1036-8
●憲法に盛り込まれた基本的な原理・原則を現実の具体的な歴史に即して学ぶ一冊。

音大生のための憲法講義15講
簗瀬 進 著　1,650円（税込）
A5判並製 978-4-7634-1075-7
●音大生だから知っておきたい憲法にまつわる15の話。コラムで納得、意外と深い憲法と音楽の関係。

激変する弁護士
文系エリートの実態と失敗しない選び方
宮田一郎 著　1,650円（税込）
四六判並製 978-4-7634-1097-9
●現役弁護士が明かす弁護士の実態。赤裸々かつウイットに富んだ弁護士ノンフィクション。

「からゆきさん」
海外〈出稼ぎ〉女性の近代
嶽本新奈 著　1,870円（税込）
四六判上製 978-4-7634-1064-1
●追いこまれる「性」。「からゆきさん」研究に新たな地平を切り拓く緻密な表象史。

文学に映る歴史意識
現代ドイツ文学考
鷲山恭彦 著　2,750円（税込）
A5判上製 978-4-7634-1058-0
●ドイツ文学激動の200年。歴史に向き合った文学者たちの群像。

戦争と日本人
日中戦争下の在留日本人の生活
倉橋正直 著　2,200円（税込）
A5判並製 978-4-7634-1066-5
●戦時下、中国での在留日本人の日常生活。残された貴重な写真・資料を収録して描く日本人の生態。

従軍慰安婦と公娼制度
従軍慰安婦問題再論
倉橋正直 著　2,200円（税込）
四六判上製 978-4-7634-1040-5
●「性的奴隷型」と「売春婦型」——2つのタイプの検討を通じて従軍慰安婦問題の核心に迫る。

李王家悲史　秘苑の花
張赫宙 著　2,420円（税込）
四六判上製 978-4-7634-1060-3
●知られざる日韓現代史の悲劇。この歴史的事実からいま何を読み取るか？

共栄書房ご案内

◆ご注文は、最寄りの書店または共栄書房まで、電話・FAX・メール・ハガキなどで直接お申し込み下さい。
（共栄書房から直送の場合、送料無料）
◆また「共栄書房オンラインショップ」からもご購入いただけます。　https://kyoeishobo.thebase.in
◆共栄書房の出版物についてのご意見・ご感想、企画についてのご意見・ご要望などもぜひお寄せください。
◆出版企画や原稿をお持ちの方は、お気軽にご相談ください。

〒101-0065　東京都千代田区西神田2-5-11 出版輸送ビル2F
電話　03-3234-6948　FAX　03-3239-8272
E-mail　master@kyoeishobo.net　ホームページ　https://www.kyoeishobo.net

健康・実用

「…動医学」

…とワクチンの本当の狙い

…俊介 著
…0円(税込)　四六判上製
…BN978-4-7634-1076-4

「波動医学」とは何か？

「生命」は波動エネルギーだった！

分かってきた宇宙エネルギー、プラナの秘密。〝命の波〟を正すと、ガンも消える……

世界に広がる「波動医学」

近未来医療の最前線

船瀬俊介 著
2,200円(税込)　四六判上製
ISBN978-4-7634-1088-7

生命の福音「波動医学」はここまで来た！最先端の波動療法と原理を一挙紹介
「すべては“波動”であり、その“影響”である」——生命の根本原理から病気を治す。

最強の自然医学健康法

こうすれば病気は治る

森下敬一 著
2,200円(税込)　四六判上製
ISBN978-4-7634-1089-4

「自然医食」でガン・慢性病は予防できる！森下自然医学のすべて——原理から実践まで　医学の「進歩」にもかかわらず、現代人に病気が蔓延…現代医学の現状を痛烈に批判！

脳に効く！「聞こえない音」と「見えない光」

生命信号の不思議な力

山田豊文 著
1,650円(税込)　四六判並製
ISBN978-4-7634-1109-9

五感を研ぎ澄まし、自然に生きる!人間が本来持つパワーを引き出すための最新科学
大自然に満ちている音と光=生命信号をキャッチして、“究極のゾーン”を体験しよう！

…を治す「波動医学」

…打ち克つ近未来医療

船瀬俊介 著
2,200円(税込)　四六判上製
ISBN978-4-7634-1100-6

“くたびれた細胞”=ガンは、「波動」の乱れを正せば治る——
数々の実績が示す、「波動医学」のパワー
現代医療のブレイクスルー、「波動革命」を目撃せよ！

心にのこる、書きかた、伝えかた

「4日で1冊本を書く」船瀬俊介の文章術・編集術

船瀬俊介 著
1,650円(税込)　四六判並製
ISBN978-4-7634-1084-9

心に伝わる文章は、こうして書け！

ミリオンセラーを含め約 250 冊の著作を誇る鬼才・船瀬俊介が、未来の書き手のためにはじめて明かす、愛を込めた「文章」「編集」の極意。

これで、あなたも本が書ける。

こうすれば、夜中に目覚めずぐっすり眠れる

医師が教える、薬に頼らない3つの方法

山下あきこ 著
1,650円(税込)　四六判並製
ISBN978-4-7634-1107-5

「今夜も眠れない…」「また夜中に目が覚めた…」不眠で人生、損していませんか？

今日からできる「3つの方法」で、良い人生のための良い眠りを手に入れよう！

超人をつくるアスリート飯

全身の細胞が喜ぶ最強のスポーツコンディショニング

山田豊文 著
1,650円(税込)　四六判並製
ISBN978-4-7634-1091-7

筒香嘉智氏、横峯さくら氏、工藤公康氏、小川直也氏、落合博満氏…みんなこれで強くなった！

一流アスリートが実践する食生活と生活習慣の“究極のメソッド”。

新版 笑いの免疫学

船瀬俊介 著　2,200円(税込)
四六判上製 978-4-7634-1103-7

笑うひとは2倍生きる……!
●やはり、「笑い」はすごかった——最新医学も認める、「笑い」奇跡のパワー。

あぶない抗ガン剤

船瀬俊介 著　2,200円(税込)
四六判上製 978-4-7634-1083-2

やはり、抗ガン剤で殺される
●先進国で、なぜ日本だけ「ガン死」が急増しているのか？ 知って、ください。あなたと、愛するひとのために。

肉好きは8倍心臓マヒで死ぬ

船瀬俊介 著　1,650円(税込)
四六判並製 978-4-7634-1085-6

これが決定的証拠です
●「肉食」vs「菜食」、最終決着 科学的エビデンス82連発！肉製品は最強の発ガン物質。

買うな！使うな！

船瀬俊介 著　1,650円(税込)
四六判並製 978-4-7634-1067-2

身近に潜むアブナイものPART1
●テレビは言わない!! 新聞は書けない!! 身のまわりは猛毒だらけ。これを知ればあなたもすぐできる賢い消費生活。

買うな！使うな！

船瀬俊介 著　1,650円(税込)
四六判並製 978-4-7634-1070-2

身近に潜むアブナイものPART2
●知らないことは、罪です。なぜなら、あなたや家族の命と健康が損なわれるから。未だ野放し! 身の回りの猛毒物質!!

維新の悪人たち

船瀬俊介 著　2,200円(税込)
四六上並製 978-4-7634-1079-5

明治維新」は「フリーメイソン革命」だ！
●国際秘密結社フリーメイソンが仕組んだ「明治維新」衝撃の「真実」を暴く。

ノンフィクション

ボランティア活動の責任

溝手康史 著　1,870円(税込)
四六判並製 978-4-7634-1106-8

●引率者・指導者必読！あなたの“善意”が訴えられる？ボランティア活動のリスクマネジメントがわかる！

消えた神父、その後

大橋義輝 著　1,650円(税込)
四六判並製 978-4-7634-1110-5

再び、BOACスチュワーデス殺人事件の謎を解く
●戦後最大級の未解決事件、重要参考人「消えた神父」の足跡と最期。残された謎に光を当てる！

紫式部“裏”伝説

大橋義輝 著　1,650円(税込)
四六判並製 978-4-7634-1074-0

昭和史を撃ち抜いた一丁のモーゼルを追って
●紫式部は、オネエだった⁉ 千年の時を超え、隠された〝絶対秘密のプロジェクト〟を追う！

日本の奇談・珍談101

福井栄一 著　1,650円(税込)
四六判並製 978-4-7634-1104-4

古典の玉手箱から
●「大鏡」「近世畸人伝」などの古典から101話を選び、現代語訳。子供からシニアまで楽しめる読み物。

山鳥の魔力

今井雄一郎 著　1,650円(税込)
四六判並製 978-4-7634-1098-6

伝説の美しき獲物を追って
●長い尾をもつこの美しい珍鳥を追い続け、気づけば7年。山鳥に魅せられたハンター、七転八起の記録。

愛読者カード

このたびは小社の本をお買い上げ頂き、ありがとうございます。今後の企画の参考とさせて頂きますのでお手数ですが、ご記入の上お送り下さい。

書名

本書についてのご感想をお聞かせ下さい。また、今後の出版物についてのご意見などを、お寄せ下さい。

◎購読注文書◎

ご注文日　　年　　月　　日

書　　名	冊　数

代金は本の発送の際、振替用紙を同封いたしますのでそちらにてお支払い下さい。
なおご注文は FAX 03-3239-8272
また、共栄書房オンラインショップ https://kyoeishobo.thebase.in/
でも受け付けております。（送料無料）

料金受取人払郵便

神田局承認

7250

差出有効期間
2025年２月28
日まで

郵便はがき

101－8791

507

東京都千代田区西神田
2-5-11出版輸送ビル2F
共栄書房　行

ふりがな
お名前

お電話

ご住所（〒　　　　　　）
（送り先）

◎新しい読者をご紹介ください。

お名前

お電話

ご住所（〒　　　　　　）

いない。

一行は海岸線の測量を続ける。険しい絶壁が前に立ち塞がる。山を越えるしか前に進めない。草鞋もボロボロとなっている。それでも忠敬は凄まじい執念で息子ら若者をひっぱって前に進む。当初は縄を使って距離を測っていたが時間のかかり過ぎと気づき、途中から歩幅に切り替えた。

様似《シャマニ》町から幌泉《ほろいずみ》へ。そして仙鳳跡から船を利用して厚岸に渡る。姉別《あんねべつ》まで歩き、再び船を利用。西別（現、別海町）に到着した。

蝦夷の人つまりアイヌの人々の多大な協力は計り知れなかっただろう。宿泊や食事、もちろんそれなりの報酬を渡していたであろうが、もてなしの気持ちが基本にあった。ボディランゲージを交えながら、話題はアイヌ娘と和人の結婚話で盛り上がっていたのかもしれない。

かような話題が、アイヌのコミュニティを通じてあの和人に伝わったのであろうか。探検家の間宮林蔵である。のちにアイヌ女性と結婚し信用を得て、アイヌの人々の多大なる協力のお陰で間宮海峡の発見に繋げた人物である。

こうして伊能忠敬は間宮林蔵と蝦夷の地で出会うことになったのだった。

こんな場面が浮かぶ――。

「ぜひ、弟子にして欲しい。測量を学びたいのじゃ」と間宮は頭を下げて懇願する。

「何ゆえに学ぶのか」

「お国のためでござりまする」

「お主はまだ若い。わしはもう残り少ない。教えるものを教えよう」

間宮林蔵

「有難きしあわせ、先生」

「江戸へ戻ったら、わしの家に来なされ」

間宮は再び頭を下げた。

二人は後に歴史に名を刻すが、年齢はだいぶ離れている。情報という意味での共通点はあるものの、間宮はプロの情報屋になっていく。一方、伊能は地図づくりが主体であり、情報収集は副次的なものであっただろう。

日本との通商を求めるロシア側に対して幕府は拒否を続けていたが、ついに択捉《えとろふ》島を襲撃され、戦が始まった。松前藩は敗走したが、間宮は抵抗を続けたという。幕府は敗走した役人を処罰し、勇敢に戦った間宮を重用するようになる。そして間宮はプロの情報屋として活躍する道筋を突き進むこととなった。

さて、伊能忠敬はかつてロシア人の住んでいた場所、根室を見たいという要求を出したものの、かなわなかった。理由は鮭漁の最盛期で「船も人も出せない」と拒絶されたからである。本当に船が出せなかったのか。あるいは何かの力が働いていたのか。伊能は仕方なく断念して九月に蝦夷を離れることとなった。

江戸・千住に到着したのは翌一〇月二一日のこと。一八〇日間の長い旅が終わった。ちなみに蝦夷での滞在期間は、一一七日だったという。

日本列島測量へ

そして帰還して間もない一一月上旬、伊能は深川の自宅で測量データをもとに蝦夷の地図づくりに取り掛かった。もちろん地図づくりに取り掛かる前の十月下旬から一一月上旬の間に、伊能は幕府側へ蝦夷の報告をしている。例えば根室では事情により測量はできなかったことや蝦夷で得た松前藩の愚痴の情報を、雑談的に伝えたと思われる。また浅草に住む師匠、高橋至時の自宅を訪ね、蝦夷の様子や測量の実体験を報告したであろう。

年の瀬の迫る一二月二一日に蝦夷の地図は完成した。伊能は即座に下勘定所へ蝦夷の地図を届けた。

結果、地図の評価はよく幕府（担当：若頭堀田正敦）はその成果を認めた。その上で、伊能は第二次測量の計画を提出した。ロシア人が上陸して半年以上も住み続けた根室を含めたエリアを測量したい旨を申し出る。蝦夷で間宮林蔵と会ったことが大きな刺激となったのか。あるいはロシアのターゲットにしている蝦夷をしっかりと測量してみたい、といった感情であるのか。まさに情報屋の部分の噴出であろう。

しかし幕府は拒否した。ロシアを恐れていたからだ。ロシア帝国を本気にさせることは恐怖でしかない。そもそも忠敬一行は、第一次の測量の際に根室行きを断られている。鮭漁の時期で船が出せないとの理由であったが、ロシア側への配慮であったのかもしれない。幕府はロシア帝国の蝦夷そのものの支配を恐れ、さらに本州にも……といったマイナス思考も働いたのではあるまいか。

ならば、ここは無難な道を選ぶしかない。そのようにして、忠敬は伊豆半島の東海岸を測量することになったのではなかろうか。

当時、ロシアへ通じる情報屋が蔓延っていた時代である。八年前にロシアから帰還した大黒屋太夫も、ロシアと太いパイプで繋がっていた可能性は高い。老中の松平定信は大黒屋を利用しようと企んだが、失敗に終わっている。成功していれば大黒屋の裏切り行為となるわけである。ロシア帝国の力を知悉していたからこそ、大黒屋は首を縦に振らなかったのであろう。

さて、年の明けた享和元年（一八〇一年）四月。伊能忠敬は蝦夷行きを変更して江戸から東海道を西へ向かった。一行は三浦半島を一周して伊豆半島の南へ。しかし断崖絶壁が多く測量は困難を極める。海の荒れる中、船を出して縄を張って測量したり、岩をよじ登り方角を測ったり、蝦夷に劣らぬ過酷さであった。

二か月後に江戸に戻ったものの二週間後に再び江戸を出発した。今度は房総半島の測量であった。房総半島では特別な思いが頭を掠めたであろう。忠敬の出身地（九十九里浜＝本町小関）であったからだ。地元に立ち寄ったことが『尚寛日記』に記されている（七月一五日）。

忠敬は明和六年（一七六九年）、次女シノの生まれた後、江戸に薪問屋を出店した。しかし翌年に店は火事となりすべての薪を焼き尽す、という苦難を味わった。忠敬、二五歳の時である。

そんな中でも忠敬の愛妻家ぶりがうかがえるエピソードも散見される。妻のミチと二人だけの奥州旅行を実践している。時に忠敬三三歳、ミチ三七歳であった。伊能夫妻は将来の夢を描きながら夫婦水入らずの時を過ごしていたに違いない。

一方で忠敬はこの奥州旅行で歩く喜びを実感したのではないか。と同時に歩くだけではつまらない。景色を見ているだけでは物足りない。何か残すことはできないものか……と地図づくりの土台を築くきっかけを掴んだのではないだろうか。

一行は房総半島から塩釜海岸を船による引き縄で測量しながら松島、釜石へ向かった。そして秋（享和元年）には宮古湾を経て北上し、さらに下北半島の尻屋に到着した。妻ミチとの思い出のつまった奥州街道を進む。

享和元年（一八〇一年）一二月初旬に一行は江戸に戻ってきた。早速、第一次測量のデータと合わせて大図、中図、小図の三つの地図づくりにとりかかった。出来上がった地図は幕府に上程した。

スパイ活動を疑われる

享和二年（一八〇二年）六月、一行は再び日本海側の陸奥、越前そして太平洋側の尾張国、駿河国まで行く。幕府からの手当ては六十両支給され、待遇がぐっと良くなった。忠敬の実績が認められたからである。

幕府からの申し送りも功を奏したのであろう、各藩は協力を惜しまなかった。人や馬も増強された。当然のことながら忠敬は測量前に当地の上級役人にご挨拶。実はこの挨拶がポイントだ。ここで情報のやり取りが行われた可能性が高いからである。他藩のこと、自藩の愚痴、幕府へ対する不満……現状の問題点を雑談的に話していたことは、十分に考えられる。

土地から土地へ移動している伊能忠敬である。噂程度の雑談にも耳を尖らせていなければならない。雑談のなかにも真実が隠されている場合がある。

忠敬は、なかなかの計算高い側面を持つ。測量の協力と情報を天秤にかけて駆け引きをしていたのかもしれない。例えば馬をもう一頭用意、といった具合だ。タダで情報を提供するはずはないといった姿勢であったのかもしれない。

人生経験豊富な忠敬である。年上女房から一九歳年下の女房まで娶り、しかも不運なことにみな病死、という辛い経験も味わっている。さらに薪問屋を火事で全焼する悲劇にも遭っている。まさに酸いも甘いも熟知している。ゆえに人の心の襞《ひだ》を読む力はあった、と思えてならない。これぞ老境に至って立った男の真骨頂であろうか。

特に仙台藩、尾張藩、駿河藩等は比較的力のある藩である。駆け引きに伊能の力は発揮されたに違いない。あるいは酒席に誘われたことも少なくなかったのではないだろうか。もちろん、雑談程度の隙間話など決して歴史に残らないし、残さない。

とはいうものの測量ファーストの忠敬である。ヘンな詮索はしなかったに違いない。彼にとって時間は限られている。いつ斃れてもおかしくない年齢である。したがって同行する息子の秀蔵に「斃れたら地図の完成を」と託していたのである。

こんなエピソードも伝わっている。秀蔵の酒癖はよくなかったという。宿場宿かどうか場所は定かではないけれど、忠敬のいない場での行動らしい。

おそらく測量も一段落して内弟子らと赴いた近くの一杯飲み屋であろうか。秀蔵は酒が入ると乱暴者に豹変したらしく、地元の人たちと揉めたのかもしれない。資産家の父を持ち、幕府がバックにいると思えば態度は大きくなるのも仕方があるまい。加えて田舎者と見下す姿勢を地元民に咎められて、ブチ切れてしまったのだろうか。

そんな秀蔵の行状を知って、忠敬は激怒した。「お前は勘当だ!」と一喝したのである。そもそも忠敬は短気な性格だったのだろう、長女イネもかつて勘当されたことがあった。もっともその後、勘当は解かれている。

伊能一行は六月に加賀国を測量する。加賀百万石の大きな藩である。ところが加賀藩は、戸数などを尋ねた伊能らの質問への回答を拒絶したのだった。測量と称してスパイ活動をするつもりであろうと受け取られたらしい。なにしろ加賀藩はかつて、情報の漏洩によって加賀騒動の事件に発展した苦い経験がある。加賀藩の内部情報が他藩に漏洩されるのを恐れ、危険だと判断したのだろうか。

しかし忠敬は、それにもめげずに測量を続行した。能登半島を二手に分かれて測量を進める。一行は、直江津を通過して尼瀬（現、雲崎町）に到着した。けれども加賀藩の声が届いていたのか、尼瀬では地元民の非協力的な姿勢を見せられた。たとえば、船を出すのは危険だと断る。伊能らが確認すると海は穏やかであり、単なる嫌がらせであることが判明した。

ことほど左様に地図作りの行為は、スパイ活動と疑義されることもあったのである。

地図作成に捧げた晩年

一行は嫌がらせを受けながら、且つ忠敬の体調も思わしくないなかで測量に執念をかけた。関西、四国、そして九州まで足を伸ばす。文化六年（一八〇九年）は豊前小倉で年を越す。そしてまた江戸に戻る。この繰り返しであった。

幕府は伊能への要求を高めていく。手当の増額もあってか、各藩の情報集収をさらに強めよ！　と暗に圧をかけているフシも垣間見える。

特に薩摩藩は伊能らの行動を警戒していた。有力な外様大名であったが、遠方で情報が少なく幕府にとっても不気味な存在であった。

一行は薩摩半島を南下、さらに肥後国を測量する。九州を横断するように動く。「江戸より来たれり怪しき者を見張れ！」といった薩摩藩の御触れがあったのだろうか、一行の動きは薩摩のみならず出島のオランダ商館の外国人の耳にも届く。実際、後に忠敬らの作成した日本地図を狙い密かに日本から持ち出そうとする事件が発生している。

伊能忠敬が江戸・深川の自宅に戻って九州地区の測量結果をもとに地図作成をしている時のことであった。十年前に蝦夷で会った間宮林蔵の訪問を受けた。「伊能先生の弟子にしてください」「了解した」との約束を実現させたのである。忠敬は約一週間、間宮に測量学を教えた。

忠敬の地図作成には妻エイ（四人目）の協力もあった。忠敬は次のように記している。「才女と相見候。素読を好み四書五経の白文を苦も無く読候由。絵図様のもの出来申候」

このように讃えているのだ。

忠敬の日本地図は次第に出来上がりつつあった。地図を広げてチェックすることから、深川の自宅では手狭となった。そこで八丁堀亀島に引っ越す。三番目の妻、ノブの実家を改修して移り住んだのだった。

忠敬は測量途上、頼るべき人材であった坂部貞兵衛を病気で失い、さらに長男の景敬も病死という苦難はつづく。そんな中でも忠敬は七一歳になっても測量を続けた。だが地図の完成を待たずに、八丁堀亀島の自宅で弟子たちに見守られて旅立った。享年七四。

伊能図の完成と悲劇

伊能忠敬は女三人・男三人の六人の父であった。

最初の妻ミチは四二歳で病死。ミチとの間には三人の娘と一人の男子。長女は夫の死後、剃髪して伊能家を支えた。

二番目の妻は一九歳下である。この妻との間に二人の男子を得た。次男・秀蔵と三男・順次である。この妻も二九歳の時に急死した。

そして三番目の妻は仙台藩医、桑原隆朝の娘ノブであった。が、またしても難産の際に死亡している。忠敬は〝女運〟に恵まれなかったのである。

そして四人目の妻エイは地図作成に協力した。このエイは一九九五年に女流韓詩人の大崎栄であることが判明したという話も伝わっている。

伊能忠敬が測量を開始してから約一七年、忠敬の死後に高橋景保が引き継ぎ、地図を完成させた。景保は忠敬の師匠、高橋至時の息子である。

文政四年（一八二一年）七月、江戸城内にて地図は披露された。地図の周りには多くの人の目が集まっていた。伊能忠敬が心血を注ぎ作り上げた〝作品〟に、感嘆に満ちた表情を浮かべたはずだ。

一方で責任者の高橋景保は、「どうだ！」と言わんばかりに胸を張っていたのだろう。人生最大の舞台にして最高の晴れ姿を実感していたのではあるまいか。

この地図を密かに国外に持ち出そうとした外国人がいた。しかし間宮林蔵による密輸の発覚をきっかけとして船の運搬物チェックが厳しさを増した結果、地図の持ち出しを防いだのだった。いわゆるシーボルト事件だ。この事件に関わったとして高橋景保は捕らえられ、伝馬町の牢屋に投獄された。三か月後に獄死。遺体は腐敗を防ぐために塩漬けされたあとに斬首にされたという。享年四五。

伊能忠敬の日本地図はその後も保管されていたが、皇居の炎上により灰と化した。ところが、外国に地図の存在が判明、日本に戻って来たのだった。「写し」がまだ他にあったのである。

まさに、情報屋の活躍のお陰というべきであろうか。

第四章　天才絵師・谷文晁のネットワーク

多くの弟子と多彩な人間関係

伊能忠敬の墓と同じく東上野・源空寺の一角に、天才絵師・谷文晁《たにぶんちょう》の墓がある。都の指定旧跡だ。

谷文晁といえば、作品が世に多く出回っている印象の絵師として知られている。テレビ番組でも谷文晁の作品をよく目にする。山水の掛け軸が多く、内容は花や鶴、鳥、犬などのほかに中国の思想家、荘子や達磨大師らの人物、さらに「日本名山図会」（文化四年発行）の作品も残している。

しかし私たちの目にする谷文晁の作品は、ほぼ偽物ばかりである。

なぜ圧倒的に偽物が多いのか。結論からいえば、弟子たちが谷文晁の名前で作品を乱発していたからである。谷自身も承知しており、落款すら貸し出していたという。

芸術家は偏屈な性格の持ち主も少なくないと言われる。だが、谷文晁の場合は当てはまらない。じつに鷹揚なのである。この鷹揚さゆえに、弟子が集まり膨れ上がっていったのであろう。

だが、見方を変えれば、弟子が多ければさまざまな情報を得ることができる。加えて谷文晁は旅好きである。そして谷文晁のバックには老中のトップ中のトップである老中首座、松平定信が存在するのだ。谷文晁―松平定信という濃いラインで繫がっている。このことから谷文晁は、情報屋の資格を十分に満たしている、といえる。

コンクリートの塊が左右に龍の如く伸びて波打っている。ハイウェイである。車両がひっきりなしに行き交う。高架下も数珠つなぎのような車両がエンジン音を放って移動している。あたりはビルだらけ。人工的に作られた並木を除き、樹木といえるものは見当たらない。この場所にいるだけで、何かに急き立てられるような雰囲気が漂っている。

二〇二四年春、東京・台東一丁目から二丁目周辺。この一角に、かつて絵師の谷文晁が主宰する写山楼があった。当時は、江戸下谷二長町。

木造二階建ての窓からは、富士山の全景が一望される。二十畳ほどの広さに絵筆を持つ人で賑わっている。少年の姿も見える。まさに畳の目が隠れるほどの人の多さであった。時々絵筆を止めて窓の方に目をやる人も。庭の樹木越の富士山を見てしばしの気分転換であろうか。

写山楼は富士山がよく見える理由から名付けられたという。山好きであり特に富士山がお気に入りであった。が、それだけではあるまい。やはり東洲斎写楽のデビュー後の存在感に刺激されたのではなかろうか。なにしろ年齢がほぼ同じだからライバル意識を持つのは当たり前である。写楽の個性豊かな筆さばきに、文晁は嫉妬も覚え意識したのは間違いない。ゆえに〝写楽斎〟に刺激されて〝写山楼〟と名付けたのではないか、などとも考えてみる。

写山楼では門下生たちが競い合っているけれど、すでにプロ級の絵師も混ざっており、谷文晁の妹二人、舜瑛と紅藍や妻の幹々《かんかん》も筆を握っていた。

谷文晁の華麗なる人間関係は、当時の流行作家、山東京伝、滝沢馬琴、十辺舎一九、歴史家の頼山陽ら錚々たるメンバーをはじめ、弟子のなかには後に『日本外史』を著す渡辺崋山らも含まれていた。弟子のまた弟子を数え上げたら、一説には一〇〇人以上ともいわれている。谷文晁は絵だけでなく漢詩や狂歌の才もあるだけに、多士済々の人間関係を築いていたのである。

ここから導き出されるのは、谷文晁の元にさまざまな情報が集まってくることだ。まして時の権力者の一人、松平定信と強い絆で繋がっているから、情報屋だったことは推して知るべし、と私は思っている。

充実の長崎遊学

さて、谷文晁の略歴をざっと記すこととする。

文晁は宝暦一三年（一七六三年）九月、江戸下谷根岸で生まれた。父は田安家の家臣。漢詩人として名を知られていた谷麓谷《ろっこく》である。

一二歳の頃に狩野派に絵を学ぶ。二十歳には北宗画を修める。そして二三歳の時、一六歳の幹々（林翠蘭）と結婚した。

当時、谷の家には数十人の人が住んでいたという。文晁は祖父母、両親、兄弟姉妹、叔父、叔母をはじめ下男下女を含めて大家族の中で育ったのであろう。かような子供時代の環境ゆえ、大勢の人たちとの接触がなければ落ち着かないタイプであったかもしれない。

文晁はその後、大和絵、朝鮮画等を学び、二六歳の時に長崎へ旅立っている。長崎にはオランダ商館が存在しているからだ。外国人の跋扈に加え、日本の各地から秀才が集まってきて蘭学、医学、生物学を学んでいる。その実態の視察あるいは偵察であったかもしれない。

木造二階建ての鳴滝塾に集結する塾生は、地元の期待を背負って学んでいた日本人だ。一説に一五〇人の多さとも言われている。

この塾から高野長英はドクトル（ドクター）の称号を得たり、日本初の理学博士、伊藤圭介や幕府蘭方医の伊東玄朴、さらに日本の眼科医の父、高良斎、そして塾長のカバン持ち的な側近で医師の二宮敬作が輩出されたのである。塾長はオランダ人になりすまして日本を偵察にきたドイツ人医師、シーボルトであった。シーボルトは学問を教えながら弟子を手下に使い、日本の偵察を試みていたのである。

谷文晁

かように情報の飛び交っている長崎に惹かれたのは、好奇心旺盛な文晁なら、けだし当然であろう。加えてエレキテルの発明で江戸時代のダヴィンチと言われた平賀源内も長崎で西洋画を学び、秋田藩の小田野直武に教え、後年、小田野は杉田玄白の解体新書の挿絵を担当したのはつとに有名だ。

それにしても文晁は、長崎で何を感じたのであろうか。

後に松平定信と繋がった折、長崎体験の話題に定信はことさら関心を抱いたのかもしれない。

文晁は長崎の旅を終えた後、田安家の奥詰め絵師となった。奥詰めとは大名の子弟が江戸城の山水之間に詰め、隔日ごとに交代で将軍の諮問に応える任務のことである。ざっくばらんに言えば将軍の親衛隊のようなものらしい。

文晁はこの奥詰めで評価を高めたに違いない。さまざまなジャンルの絵の知識もあり各地に旅をしているから情報量も豊富であった。その評判は幕府ナンバー2の定信の耳にも届いたと思われる。定信は八代将軍吉宗の孫であり、幕府の情報担当の筆頭格であった。文晁に目をつけるのは自然の流れであったのかもしれない。

文晁は葛飾北斎のように浮世絵師一筋という生き方ではなく、北宗画、朝鮮画、西洋画のみならず大和絵と様々な分野に顔を出す。狩野派、琳派、円山派、四条派と幅広く、文晁を称して八宗兼学といわれ、独自の画風を確立したのであった。八宗兼学とは日本の仏教の八つの宗派を併せて学ぶこと、物事をよく理解しているという意味である。

一方で、どこへでも顔を出す情報屋の側面は十分あるとも言える。性格は穏やかであるから、弟子は集まってくる。やがて弟子が増加することと相成った。

文晁の弟子と言えば、やはり四哲である。渡辺崋山、立原杏所《きょうしょ》、椿椿山《つばきちんざん》、高久靄厓《たかくあいがい》の四人のことを指す。彼らは画家にとどまらずアカデミックな要素もあり、哲人の如く探求心もある、ということであろうか。

四人を簡単に紹介しておく。立原杏所は水戸藩の儒学者を父に持つ。作品「葡萄図」は現在、重要文化財となっている。ちなみに子孫は大正時代に活躍した詩人で建築家の立原道造である。

椿椿山は槍組同心の家の生まれ、長じて渡辺崋山の塾へ入門した。花鳥画や人物画を得意とし、穏やかで寡黙であったという。「煙草を喫せず、酒も飲まず女に近づかず」と評された。恩師の崋山が後に自刃した際に、息子らの後見人を務めた。

高久靄厓は煙草職人をしながら絵の修行に励んだ。江戸日本橋の豪商である大橋淡雅《たんが》に認められた。淡雅は日本橋元浜町（現、富沢町、大伝馬町）で呉服商や両替屋を営み、関東一円に五十店舗あったという資産家であった。書画のコレクターでもあり、多くの芸術家と交友がある上に、才能ある芸術家の卵を金銭面で支えたといわれた。妻の民子は歌人であった。

言ってみれば、一昔前の〝旦那〟と言われた人物である。松下幸之助（松下電器）や上原正吉（大正製薬）らであろうか。また淡雅は将棋家元の大橋家にも足を運んだと思われる。家元には多くの旦那衆や武士も足しげく通っていたからである。女流棋士の走り（大橋春）もいたから、淡雅は自分の娘、巻子と重ね合わせて「春ちゃん、巻ちゃん」と呼んでいたのかもしれない。巻子はのちに妻同様に歌人となっている。四哲の一人、立原杏所はこの巻子にぞっこんであったが叶わず、失意の胸の裡を作品にした。それが「楊貴妃」であったという。

才人・渡辺崋山

さて、四哲の中心人物というべきなのが渡辺崋山である。

渡辺崋山は寛政五年（一七九三年）、田原藩士の父の長男として江戸・麹町で生まれた。藩の財政難により幼少期より貧しく、下に弟や妹もいたことから家計を助けるために得意の絵を描いて売っていたという。一六歳で田原藩の江戸屋敷に出仕して納戸役や使番をしていた。一八歳の時、昌平坂学問所（後の東大に繋がる学問所）で学ぶ。

その後、谷文晁の門下生となり、頭角を現す。南画にも挑戦、文晁から吸収できるものは何でも吸収した。師匠の文晁は崋山の才能の開花に驚かされた。

崋山も、「画技はもちろんのこと、文人としても学ぶこと多くお手本となった」と師の文晁を讃えている。なにしろ文晁は絵画のみならず「五山堂詩話」という書物のなかにも漢詩を載せており、いたく敬愛していた。文晁のような生き方を目指していた、と思われる。

当時、人気戯作者の滝沢馬琴も崋山に注目していた一人であった。一人息子の琴嶺が亡くなった際、「肖像画を描いて欲しい」と崋山に依頼した。崋山は引き受け、絵筆を握った。棺の蓋を開けて遺体の顔をみると、そっと頬に手を触れたという。しっかりとした肖像画を描くための行動であったらしく、馬琴の心を揺さぶった、とのエピソードが残っている。画家としての使命感を感じたのだろうか。

渡辺崋山

さて、崋山は田原藩の藩士の娘、たかと結婚した。時に三十歳であった。譜代大名の田原藩のこと。やがて画業よりも武士業、ひいては幕府のサポートに力を注ぐことになる。崋山の人生は、芸術よりも政治に舵が切られたのである。

特に田原藩の財政難を巡っては、意見の衝突が起きた。財政難を解決するには富裕藩（姫路藩）から持参金付きで養子を貰うことだという意見に反対したのが、崋山であった。

が、田原藩は持参金付きの養子を迎えた。そして田原藩主となったのである。崋山の心は砕けて酒浸りの荒れた日々であったという。

かような崋山の行状を師匠の文晁は苦々しく思っていたであろう。崋山はこんなお家騒動ごときで腐っている人材ではない。崋山の目は天下国家に向いているのだ。

崋山は頑なに鎖国政策の幕府に不満を抱きつつも、日本を取り巻く外国勢に備えるために海防策を訴えていた。それが「慎機論」であった。これまでの海防では不備であり、さらに充実した海防の必要性を論じていたのだった。

モリソン号事件（天保八年）の発生以降、より一層、沿岸部の防衛に力が注がれていた。加賀藩では異国船防備のために砲台を設置した。また丸岡藩、明石藩、鳥取藩なども続く。外国船が日本の周囲を徘徊する如くプレッシャーをかけてくるから、各藩は恐れを感じていたのである。こうした状況の一方で、鎖国政策は時代遅れ、開国すべきという考えもあった。シーボルトの忠実なる部下の高野長英である。高野は『戊戌夢物語』を著し開国を訴えた。

崋山も本音では鎖国に反対であるものの、海防の不備を追及しながら、「貴族育ちのおぼっちゃんや成り上がりの汚職役人」のような辛辣な言葉で幕府を批判した。まるで罵声ともとれる内容である。

けれども崋山の立ち位置がはっきりとしなかった。幕府にとって敵か味方か不明瞭の姿勢であったのだ。とすれば、スパイと疑われても仕方あるまい。師匠の文晁は崋山の思考の矛盾を危惧していたのである。

「画業に専念していれば、北斎以上の逸材となるのだが……」

立ち位置の定まらぬ崋山は、幕府にとって危険分子とも思われてしまう。

文晁は弟子の崋山の情報を、当然のことながら松平定信の耳に届けたであろう。

松平定信と谷文晁の濃密な関係

障子窓は開放され、波は北から南へと緩やかに流れている。沿岸あたりは緑の山で盛り上がっていた。浜離宮であろうか。さらにその向こうは青い空が広がりわずかに流れる雲に陽があたり白く光っている。いきなり都鳥が横切った。

寛政五年（一七九三年）四月、葵の紋をつけた一艘の華麗なる船が、波をかき分けて品川沖方面に進んでいた。船からは数名の侍があたりに目を配りながら睨みをきかせている。谷文晁と松平定信の二人は江戸湾をのんびりと巡行していた。とはいえ目的は『公余探勝図』を作る、いわば取材旅行であった。時に定信、三五歳。文晁、二七歳。

なぜ幕府の重鎮が文晁と同行していたのか。理由は明確だ。幕府から追いやられて仕事がなかったからである。心の癒しとともにヒマとなったために、お抱え絵師の若くして画才のある文晁を伴ったわけである。いわば政治から文化へ舵を切った、いや切らされたからであった。

定信は田沼政治の汚職まみれの乱れた政治を正そうと、寛政の改革に乗り出す。主導的な立場で隠密を駆使して徹底して改革を実践した。爛熟花盛りの江戸文化を清めたわけだが、結果、景気は冷え込み、江戸に来る観光客も激減した。このため庶民のみならず武家社会からも反発を招いたのである。

そもそも筆頭老中首座の定信と将軍家斉とは対立していた。他の老中職の意見にはほとんど耳を貸さず独断的に実践していたから、定信はよく思われていなかった。世の流れが寛政の改革に批判的になるにつれ、定信は次第に孤立していったのである。

そして決定的なことが起きた。将軍家斉が実父の一橋治済を大御所として江戸城に迎えようと試みた。定信は断固反対した。こうした幕府内の事情が噴出したのが、寛政五年のことであった。憂さを晴らすように定信は絵師の谷文晁を引き連れ、この年の春に江戸湾巡行に出たのだった。

「良き日じゃのう」と定信が声を漏らす。

「上様のためにお天道様も歓迎したのでございましょう」と文晁は応える。

と、都鳥が左右上下に自由に飛翔しているのを見た定信はため息まじりに、

「ああ、自由気ままに行けたらさぞよかろうなあ」と呟く。幕府内のさまざまなしがらみなど人間関係に疲れたのであろうか。

「左様でござりまする、上様」

「予も生まれ変われたらあの鳥になりとうござる」

そんな光景が目に浮かぶのである。実際にこの四か月後に定信は将軍補佐役および老中を解任された。寛政の改革（六年間）は終焉したのだった。

実は四月の江戸湾巡行の一か月前、定信は文晁を随行させて伊豆や三浦半島の調査に出掛けている。定信の自叙伝『宇下人言《うげのひとこと》』（岩波文庫）によると、

「寛政五年三月一八日、江戸をたち（略）予が巡見をよろこびて、あるものはもちをつきて、いわひ、あるものは荷物なりとち侍《はべ》りたきとて（略）人おほく集る。伊豆は山いと多し。坂などけはしさいふばかりなし（略）」

現役の老中首座である。伊豆の人々は荷役の人馬の供出や餅までついて大歓迎、と記している。この巡行の目的は、外敵に備えて伊豆・三浦半島沿岸の地形や形態、そこに住む

人々の生活ぶりをつぶさに検分して調査し、絵で記録するためであった。

定信は前出の自叙伝のなかで「海よりのり入れば、永代橋のほとりまでに外国之船とても入り来るべし」といっているように、沿岸部側の重要性を感じていたのかもしれない。

文晁は伊豆や江戸湾巡行等の記録を『公余探勝図』に収めた。全八〇図（第一巻四一図、第二巻三九図）である。なお題名は定信が命名したという。伊豆白浜海岸、下田港、久里浜、浦賀、横須賀、夏島、金沢といった海防上の要所の地点を、文晁は克明に立体的な見取り図に仕上げている。もちろん文晁は巡見の狙いを十分承知した上で、自分なりの画法を絵に落とし込んで描いたものである。

なかでも第一巻一二図の「豆州水晶山」は、狩野川沿いにそそり立つ柱状の岩の荒々しさと川の渡し船が対照的で人を惹きつける絵だ。定信も魅了されたに違いない。

文晁はこれ以降も定信から指令を受けて各地に出没し、絵筆を握った。たとえば塩釜や松島の沿岸部を写生調査した。当然のことながら仙台藩の情報も耳にしたであろう。さらに定信に従って白河にも行ったり、あるいは定信の命により京都、大阪、奈良方面の古美術調査も行っている。これを『集古十種』にまとめた。また紫式部ゆかりの石山寺の縁起絵巻の補図（修復）も手がけている。

かように文晁は各地に出没しては絵で記録し、定信の言われる通りに動いていた。文化財の保存や調査も兼ねながらの情報収集だ。定信は文晁の実績を認め、さらに二人の関係は濃密なものになっていく。

長寿を生きた谷文晁

文晁は多くの弟子を配して、収集した絵画界あるいはその他の情報を集約したであろう。自身も江戸にいるときは、積極的に人間関係を築いている。たとえば、流行作家の山東京伝・京山親子だ。自邸に招き連歌の会を催している。山東京伝と言えば蔦屋重三郎の稼ぎ頭であったが、寛政の改革でダメージを受けた一人である。洒落本三作により禁止令を犯したとして手鎖五十日の処分を受けた苦い経験があった。

果たしてどう思っているのだろうか。定信を恨んではいないのか。あるいは過去の話として笑い話にもできるのか、といった内容を酒の肴に酌み交わしていたのか。「煙管入れを売って儲けた」と改革の余波を笑い話に変えていたのかもしれない。

さらに東洲斎写楽の話題にも触れたのかもしれない。直接の交流の記録はないが、文晁にとってはほぼ同い年の写楽は気になる存在であったと思われる。

二人が才能あふれる絵師としてだけでなく、情報屋としての仕事も担っていたとしたらどうだろうか。

なにしろ定信は隠密を多数駆使した人物であり、情報屋の重要性を誰よりも知っていたはずだ。当然、どんな各藩がいかなる情報屋を使って諜報活動を展開しているか、出来得る限り知ろうとしていたことは間違いない。もし定信が、徳島藩の情報屋としての写楽という側面を掴んでいたならば、文晁と写楽を比較していた可能性はある。

二人は、年齢はほぼ一緒で絵師であるが、性格は真逆だ、といっていいだろう。文晁は誰とでもコミュニケーションできる、言わばオープンマインドの陽キャである。一方、写楽はちょっとシニカルを含んだ陰キャであろう。〝変わり者〟と周囲から思われていたかもしれない。

文晁の陽キャは多数の人々と接触しやすい半面、情報が漏洩する恐れがある。一方、写楽は情報源こそ少ないものの、漏洩はなさそうではある。定信は写楽と文晁を、どちらの方が情報屋として使えるのかと天秤にかけた可能性はあるかもしれない。

老中失脚後の定信は、白河藩の藩政に専念したという。財政の苦しい白河藩において、産業奨励策を展開し、教育にも力を入れた。民衆からの人気もあり名君との呼び声高い一方で、厳しすぎる倹約政策には家臣から不満の声も上がっていたという。

はやり定信は己のやり方を貫き通したのだろう。藩政においても、老中時代と同じく、情報屋を駆使していたかもしれない。

文晁のプライベートの部分も触れておく。

最初の妻である林翠蘭、後の名前を幹々《かんかん》は、一六歳で文晁に嫁ぎ、やがて絵の手ほどきを受けてメキメキと頭角をあらわした。寛政四年には文晁とともに夫婦で柳橋の萬屋で書画会を開催している。寛政七年から幹々は観音像を描くようになる。寛政九年までの二年間、観音像を描くのが日課であったという。この絵は人気となり大いに売れたらしい。しかし三十歳で亡くなった。

文晁は三九歳の時に再婚した。相手は阿佐子である。この阿佐子との間に七人の子供があった。お橘、お篤、お蝶、文二、文三、文六、お吉と子だくさんの父親となった。

文晁と太いパイプで繋がっていた松平定信は、文政一二年（一八二九年）に亡くなった。享年七十。妹二人もこの世を去り、妻の阿佐子も黄泉の国へ旅立った。

文晁は六七歳の時、御近習番頭取次席となって剃髪した。

『谷文晁翁之記』によると、天保一〇年（一八三九年）九月、文晁は七七歳を迎え、江戸両国の萬八楼で喜寿の祝いが開催された。文晁の子息の家族、甥や姪に囲まれ、加えて弟子たちも参加。盛大であったという。文晁にとって、人生最大の嬉しいイベントであったに違いない。

ここで文晁は、一体どんな心の裡を吐露したであろうか。若き頃より気になっていた人物、写楽や喜多川歌麿、山東京伝も既に亡くなっている。同時代の才能たちが去った世は、晩年の文晁にとってどのように映っていたのだろうか。

そして、やはり気になっていたのは弟子の崋山のことであろう。年齢を重ねた文晁を気遣う書簡も届いていた。絵師を離れて荒波の世界へ呑み込まれた崋山のことを気に掛けている記録も残されている。

谷文晁は、喜寿の祝いの翌年に亡くなった。享年七八。

それから二年後の天保一二年（一八四一年）、渡辺崋山は池ノ原屋敷の納屋で切腹した。「不忠不幸渡辺登（崋山の本名）」が絶筆となった。

それにしても平均寿命が五十代であったこの時代、文晁は情報屋の側面を抱えながら優れた絵画を世に残し、長寿を全うしたのであった。

第五章　異能の絵師、葛飾北斎の時代を見る眼

江戸の巨人、晩年の旅

場所から場所へ移動し、旅好きであり絵師だ。筆名というよりも画名を数多く持っている。そして引っ越し魔であった。江戸の文化人名簿には居所不明と記されている。これだけで十分、怪しげな人物である。すなわち情報屋、スパイの条件が備わっているのではないか。

とはいえ、江戸時代の巨人の一人であるのは間違いあるまい。九十歳まで絵筆をとり続けた無尽蔵の創作意欲は桁外れである。しかも死の床でさえ「あと五年あれば本物の絵師になれる」と呟いたと言われている。

葛飾北斎である。まさに江戸時代のモンスターといっても誰も異議を唱える人はいまい。

この巨人の芸術面はさておき、ここでは情報屋としての北斎にスポットを当ててみたい。

そもそも北斎をしてスパイという説は、一つの旅が絡んでいるからである。

天保一三年（一八四二年）、北斎は、江戸から二五〇キロ離れた信州小布施（現、長野

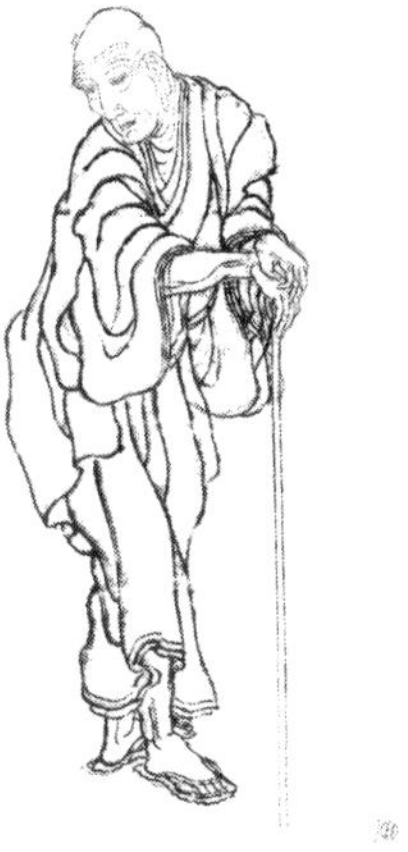

葛飾北斎自画像

県小布施町）を目指して険しい山中路を歩き、五泊六日の旅をしている。時に北斎、八五歳だった。これだけでも信じ難いことではある。なぜゆえに超高齢にもかかわらず難所を乗り越えて信州小布施へ向かったのであろうか。しかも北斎は次の年を含めて合計四回、この小布施に滞在しているのだ。

理由は、専用のアトリエに行くためであった。アトリエを造ったのは地元の豪商にして陽明学の大家と言われる人物、高井鴻山《こうざん》である。この高井は熱狂的な北斎ファンであった。

アトリエは碧猗軒と名付けられた。高井邸はカラクリの細工が施されていたり、抜け道があったりと、さながら忍者屋敷の如くであったと同時にサロン風の趣きもあり、密談にはもってこいであったらしい。高井は北斎を「先生」と呼び、北斎は高井を「旦那様」と呼んでいたという。

北斎のスパイ説は、この高井鴻山という人物と関わっていたことから推測できる。なぜなら高井鴻山は、大阪東町奉行の陽明学者、大塩平八郎と繋がる人間と親しい間柄であった。

この時代、天保の大飢饉が発生し米は暴騰、百姓一揆が各地で頻発した。甘い汁を吸う豪商や一部の役人を告発したのが大塩平八郎であった。いわゆる大塩平八郎の乱（天保八年二月）である。大阪町奉行所の元与力、大塩平八郎とその門弟らが幕府に反乱を起こす。豪商らの屋敷に大砲や火の矢を放ち、大阪の天満を中心に火事が広がって多くの犠牲者を出した。乱は半日で鎮圧された。

大塩は乱から一か月ほど逃げ延びたものの、些細な情報から露見してしまった。知人宅に身を隠していたのだが、たまたま帰郷中の使用人が「いつも神棚の食事が空となって戻るのは不思議」と村役人に漏らしたことで、村役人はこの情報を藩に通報して見つかってしまったのである。そして、いよいよ追い詰められた大塩平八郎は、潜伏先に火薬を放ち焼身自殺した。

大塩本人は死んでも、門弟らが各地に広がっていたと思われ、その一人が高井鴻山ではないか、というわけだ。さらに高井は勤王の志士の佐久間象山とも繋がっているとの情報もあったから、幕府にとっては目の離せない人物であったのか。

さすれば幕府はこの高井鴻山なる危険人物を偵察しなければならない。白羽の矢が立ったのが絵師の北斎というわけだ。

……けれどもこれはあまりに無謀な仮説だ。実際に八五歳の老体に、幕府が隠密のミッションを託すのはきわめて無理がある。まして北斎は画狂人と自らを称しているほどの画道一筋の巨人である、情報屋稼業に何の興味も抱かないだろう。

もっとも、時の権力のためではなく、自らのための情報屋の側面はあったと見るべきである。場所から場所へ移動する絵師だ。安藤広重と同様に情報を得て、それを別な場所に流すといった副次的な行為は、当然行っていたに違いない。良き玉を与えれば交換条件で良き事を受け取ることができるのだ。

無精で無頓着な引っ越し魔

葛飾北斎の墓は伊能忠敬や谷文晁の眠る源空寺から浅草通りを横切ってそれほど遠くない誓教寺（東京・元浅草）にある。私はサラリーマンを定年になる前に伊能忠敬とともに北斎の墓にも墓参した。境内の裏手あたりの墓地に、世界に冠たる北斎にしては小さく目立たない墓碑があった。

今日では都内のウオーキング愛好者の格好の立ち寄り先として知られている。響教寺の第二一世住職、祐吾英之氏の奥さんがいう。

「毎年四月一八日が命日で法要を行っています。外国の方も見えます。年によって人数は違いますが、コロナ前は総勢五十人の時もありました。先代住職さんから法要は実施されているのでもう半世紀以上です」

誓教寺（元浅草）にある北斎の墓

墓標には「画狂老人卍墓」と彫られている。北斎の文字はない。もっとも北斎と名乗っていたのは寛政九年、三八歳の時から六十歳までである。その間も辰政、錦袋舎、雷震あるいは大狗堂熱鉄という奇妙な名前を使っていた。なにしろ絵師となって最初に名乗ったのが勝川春朗である。以来生涯に渡って三十あまりの画名を使い分けていたのだった。

北斎は自虐的な言動をすることがある。たとえば墓標「画狂老人卍」のように、あるいは百姓八右衛門と名乗っている。北斎はやはり奇人変人と言われる司馬江漢を慕っていたようで、類は友を呼ぶといったところか。

「江戸の洋画家」とも言われてオランダ趣味の江漢は、虚言癖の大家ともいわれていた。当時年齢が六七歳だったのを七六翁としたり、死んでいないのに死亡通知を出したりしている虚言癖の持ち主であった。単なるいたずらや洒落と思っていたのかもしれないが、そんな江漢を北斎が尊敬したのは風景描写、遠近法、陰影法を駆使した立体画法に感嘆させられたからである。虚言癖は受け入れなかったものの、北斎は自分にとって都合がよく且つ相手が喜びそうな情報を投げかけていた傾向はあったに違いない。

幕府の状況をああだこうだといった類《たぐい》や、あるいは各藩についても同様に相手側の喜びそうなことをネタに笑顔を見せずに粉飾しながら大真面目で語っていたのかもしれない。そもそも社交的な谷文晁とは正反対の性格である。このあたりも変人奇人といわれる所以であるのだろうか。

北斎には自虐壁があり、決して表立ってマウントをとるタイプではなかったと思われる。かといって相手の言いなりになることはしない。頑固一徹な部分は持っていた。ただし芸術の面に関してであろう。滝沢馬琴とのコンビで決して譲らない北斎の一面が如実に表れたエピソードがあるからだ。これについての詳細は後述する。

北斎は普段から身なりに構わないタイプであった。衣食住に無頓着で片付けや掃除もしない。ある時、歌舞伎の尾上梅幸が北斎宅を訪問した際に、足の踏み場もなかった。このために敷物を敷いて腰を下ろしたと『葛飾北斎傳』（飯島虚心著、明治二六年刊）に記されている。同居する娘の葛飾応為《おうい》も同様な性格であったから、部屋は荒れ放題だった。食事に関しても料理を作らない。常に贔屓の客からの差し入れ品や店屋物で済ませていたようだ。酒は飲まずに特に甘いものが好きだったとも記されている。

かように不精で無頓着な性格も、すべて作品のことだけで頭がいっぱいであったのであろう。余計なことはどうでもいい。いい格好をつけないし、自慢話もしない。もっともこの不精で無頓着な性格は相手に隙を与えたりあるいは母性本能をくすぐる役目もあって、北斎を相手に気軽に情報を流すケースも生まれたかもしれない。これは考え方次第では情報屋の資質を生まれながらに持っていたといえなくもない。

北斎は九三回引っ越したとも言われている。理由は整理整頓をしない性格で部屋は描きそこなった反故の山、同居する娘の絵師、応為も片づけられぬ症候群であったから、別の家に引っ越しせざるを得なかったという。あるいは放蕩の孫の借金から逃避するためともいわれている。

しかし私の見立ては少し違う。北斎は一か所にいられないタイプで、同じところにいると神経が乱れ、場所を変えれば精神は一新されて創造的な感興が漲ってくる気質ではなかったのか。景色が変われば気も落ち着く。落ち着けば筆をとりたくなる。だからこそ九十歳頃まで現役を続けていたのであろう。

北斎は年齢を誤魔化したりして自分を大きく見せようとする江漢のようなホラ吹きではなかった。実年齢より若く見せてモテようとする下心もなかったはず。とはいうものの嘘も方便的なことは言ったであろうし、自分にとって得する情報操作くらいはしたに違いない。とすれば、これが北斎独特の情報屋の側面であったといえるのではないか。

北斎・馬琴の黄金コンビ

ここで北斎の略歴をざっと記しておく。

宝暦十年（一七六〇年）九月の生まれ。北斎の幼名は時太郎といった。四、五歳の頃に江戸・本所松阪町の御用鏡師の中島伊勢の養子となり鉄蔵と称した。

「己六歳より物の形状を写の癖ありて……」と「富嶽三六景」の跋文に記している。子供の頃より絵に興味があり、鏡師には関心がなかったのであろう。暇さえあれば絵ばかり描いている北斎は養父からたびたび咎められていたに違いない。やがて養子先を飛び出す。そして貸本屋の徒弟となった。丁稚奉公のようなものであろう。この時期に本をたくさん読み知識を得て、画才や文才の素地が養われていったといわれている。

一九歳の時、浮世絵師の勝川春章に入門した。そして浮世絵の修行の後、春朗の名でデビューした。画題は四代目岩井半四郎を扱ったものであった。

以来、寛政五年から一五年間に渡り、北斎は春朗として主に美人画、相撲絵、草双紙などで活躍した。寛政年間と言えば東洲斎写楽や谷文晁、さらに山東京伝、滝沢馬琴らの創作時期と重なる。いずれも綺羅星の如く時代を盛り上げたスターたちばかりだ。なお、北斎は写楽より二つ年上。文晁や京伝よりも若干上である。馬琴は七つ下であり、安藤広重に対しては三十以上も年下である。

「他家の画法を学ぶを憤り、春章が春朗を破門せり、これより勝川を称せず、叢春朗と改める」と『葛飾北斎傳』に記されている通り、勝川一門を破門されてしまった。なかなか短気なところもあったようだ。

やがて北斎の画才に目をつけたのが、当時、目利きのプロデューサーだった蔦屋重三郎である。寛政から文化期は狂歌全盛期、北斎は馬琴とコンビを組み、黄表紙『花春虱道行』や『敵討裏見葛葉』を経て、『椿説弓張月』の挿絵で人気を不動のものにした。残酷怪奇なる北斎の挿絵が江戸庶民を魅了させたのである。時代の流れを挿絵に投影させたのが人気の秘訣ではなかったか。それは、日本が外国から狙われている不穏な空気に他ならない。

北斎と馬琴、二人のコンビによる作品は数十点に上り、仲の良さが窺える。こんな記述も見つかっている。

「画工北斎子わが著作堂に遊ぶこと、春より夏の初めに至って、三、四か月一日余に謂りて曰く……」（『馬琴日記』）。馬琴宅に四か月間も住んでいたことになる。妻も子供もいた北斎だが、馬琴の著書を読みながらの挿絵の案を練り筆を執るのは、泊まり込みの方が捗ると思ったのだろう。時に北斎四七歳、馬琴四十歳であった。

しかし後に北斎は、馬琴の壮大な冒険ファンタジー『南総里見八犬伝』の挿絵を途中で降板した。後を継いだのは娘・美与の婿の柳川重信であった。重信は北斎の弟子でもあったことから仕事を与えた、という親心であったのかもしれない。あるいは北斎は馬琴と作品を巡って次第に衝突することが多くなったという理由もあるだろうが、私は両方の要因により交代したと思っている。

美与と『南総里見八犬伝』の挿絵を担当した重信はやがて離婚する。二人の間にできた子供、すなわち北斎にとっては孫がいたが、この孫は、両親の離婚により精神が荒れてしまったのか、世間で言う〝外《はず》れ者《もん》〟と言われ、博打にのめり込み借金をつくった。しかし返金するのは北斎であったから、仕事をどんどんこなさなければならなくなった。

だからだろうか、北斎は春画も描いている。取り締まりが厳しく絵師はサインをしないのが常識であり、隠号と呼ぶ署名をした。北斎の場合は紫色雁高といった。歌麿の「歌枕」に対して北斎の「浪千鳥」が評判を呼んでいたらしい。

傑作「神奈川沖浪裏」に込められたもの

天保五年（一八三〇年）、七五歳の北斎は三浦半島に長期にわたって滞在している。ここで描いた北斎の代表作「富嶽三十六景」の「神奈川沖浪裏」は世界的な評価も高く、ゴッホやセザンヌ、ロートレックなど西洋の巨匠たちに影響を与えた作品であった。だが、なぜゆえに北斎が三浦半島方面に約一年も滞在していたのか。一説には孫の借金から逃れるため、ともいわれている。が、北斎は逃げるという気質ではない。別な理由があったのではないか。

私はこの滞在の理由を、外圧の被害を受けている海岸沿いに深い関心を寄せて偵察をしていたのではないかと見ている。もちろんスポンサーあっての滞在である。とはいえスポンサーはかの松平定信が谷文晁を使って絵による偵察記録を採らせたようなものでなく、北斎に好きなようにさせて絵師による偵察を実施させていたのではないか。

かつて私は仲間たちと東海道を歩いた際に、「神奈川沖浪裏」のモデルとなった場所に立ち寄ったことがある。高いコンクリートの岸壁が長く続く。私たちはコンクリートの塀をよじ登り、一面に広がる海を見渡した。この日は風が強いこともあって波が一段と荒々しく立ちのぼり、怖さすら感じた。あいにく曇り空で富士の姿は見えなかった。

私の仲間たちは大きな声をあげたり、ため息をつき、びっくりした様子であった。「すごい！　北斎の描いたような荒い海だ」と。北斎の捉え方に感心していたのは私も同意見であった。

しかし時が経ち、その場面を思い出すと、新たな局面が見えてきたのである。

富岳三十六景・神奈川沖浪裏

北斎のこの絵には情報屋の部分が見え隠れする。つまり北斎はこの場所の景色を見て閃いたのではあるまいか。

……イギリスやアメリカからの外圧は、まさに神奈川沖で見た浪の荒々しさとオーバーラップする。そして巨大な波に揺られた小舟を船頭が必死にバランスをとっている。まさに危機感に満ちている小舟は日本であり、船頭は幕府であろうか。荒々しい波浪と傾く小舟——北斎流の隠し絵を落とし込み、描出したのではあるまいか。

これこそが北斎の旅の目的であったと私は思っている。絵を通じて日本の窮状を訴えている。しかし北斎は、開国か鎖国を守るのかの判断を示していない。現状をそのまま表現して、「さあ、どうする」と幕府に突き付けているように見える。絵師は絵で表現し、舵取りは国を司る幕府だ。純粋な絵師のイメージの裡に、時代を切り取ったジャーナリスティックな側面をもっているのも北斎ではなかったのか。

文晁の偵察と北斎のそれは明らかに違っていた。文晁は老中首座の松平定信の言われるままに三浦半島を立体的な絵にして記録した。けれども北斎の場合は、北斎なりの偵察であった。そもそも北斎は文晁と比べて育ちが鬱屈している。五歳ごろに養子に出されたのは昭和の前半頃までよくあることだからいいとして、養父とそりが合わずに家を飛び出している。親の愛は希薄であっただろう。それがいささかひねくれた性格となったのであろうか。

蔦屋重三郎に見いだされて住み込んでいた頃は、七つ年下の馬琴から常にマウントをとられ続けていた。馬琴はすでに売れっ子作家であった。北斎は結婚し子供の父親となったものの妻は亡くなり、男手一つで子供を育てなければならない時期もあった。その後、再婚して子供から手は離れたが、苦労の尽きぬ生活ぶりは、文晁とは異なっていた。ゆえに芸術に対するものの見方も、自ずと異なるのは当然である。

三浦半島周辺に滞在している時、名前を三浦屋八右衛門とか百姓八右衛門と名乗っているのも、諧謔趣味のある北斎らしい一面である。

九十まで生きた怪物

そしてもう一つ、北斎は大きな仕事をしている。その絵は昭和五八年（一九八三年）に発見された。東京・西新井大師で知られる総持寺の蔵の中に眠っていた弘法大師修法図である。縦一五〇センチ、横二四〇センチの屏風のようなもの。元は扁額であったらしい。昭和六年発行の『浮世絵大成』（九巻）にも転載されてはいたが、本体がどこにあるのか所在が不明で、北斎の幻の作品といわれていたのだった。

暗闇の大画面に、大きな赤鬼が腰をかがめて今にも襲いかかろうと凄い形相で睨みつけている。眼光の先にあるのは、座して何かを唱えている小さな弘法大師であった。さらに弘法大師の背後から牙をむき出している獣が飛びかからんとしている。

この絵が何を意味しているのか、一目瞭然である。赤鬼は外国人であろう。かつてスポーツの世界でも日本で活躍する外国人のプロ野球選手を〝赤鬼〟とマスコミは称したり、あるいは大相撲の世界でもかつて日本人の相撲取りをバッタバッタと倒し破竹の勢いの小錦を〝黒船〟と例えたことがあった。同じ感情であろう。

北斎は各地に旅を好んでいたものだが、特にターニングポイントとなったのは文化九年（一八一二年）のことであった。尾張に立ち寄った際に地元の画家、牧墨僊と懇意となり画家の家に滞在することとなった。この期間中、北斎は自由気ままにスケッチをしている。人物描写や自然の風物、さらにお化けなどを描く。これらの絵が尾張の出版社（永楽屋東四郎）の目にとまった。『北斎漫画』であった。後に北斎の代表作の一つになり大ヒットしたため、江戸の出版社も北斎漫画の二編を世に出したのである。

多種多様な情報を知り得ていた北斎だけに、ネタとして戯画化したのであろう。もちろん平安時代の作である「鳥獣戯画」（鳥羽僧正の作ともいわれている）を、所蔵する京都の高山寺にて拝見し、インスパイアされたのかもしれない。

さて、馬琴との確執にも触れておく。コンビを組んだ『椿説弓張月』によって挿絵師の人気を不動のものにしたが、再びコンビを組んだのが『三七全傳南柯夢』（文化五年発行、東都書肆）である。男女の心中の場面の寺で、北斎は狐を数匹描き込んだ。ところが馬琴は「狐は必要でない、外せ」とクレームを入れた。

だが北斎は「寂しさを出すには狐が必要だ」と拒否。版元が中をとり持ち調停したという。原本を見ると狐が七匹描かれており、北斎の意見が通ったわけであった。

「嫌味を覚えたのじゃろう。わしは五匹を七匹に増やしたのでござったわい。だが奴さんは狐みたいな目でわしを睨みつけてござった。ウハハハ」

北斎の最晩年の作品は、信州小布施の梅洞院岩松院の本堂客殿にある天井図「鳳凰」である。金箔が一四〇〇枚も使用され、贅を尽くした豪華なものである。三六平方メートルの大きな天井に、ダイナミックに描かれている不死鳥の伝説のある鳳凰が眼光鋭く、今にも襲いかからんばかりの迫力だ。この凄まじい眼光は北斎の画に対する執念を表現したものであろうか、はたまた情報を眼差す自らの内面を描いたものか。私には、情報を制する者が勝つとの思考から、どうしてもこの鳳凰の眼光は情報を得んがための眼《まなこ》にしかみえないのであった。

嘉永二年（一八四九年）四月、浅草の聖天町遍照院の長屋で北斎は亡くなった。数え年九十。死の直前には「あと五年生きていれば本物の絵師になれる」と洩らしたと言われている。まさに全身絵師であった北斎だが、心の裡には幕末の凄まじい人間模様を描いてみたい、そのためにもっと情報を、という願いが込められていたのかもしれない。

第六章　徳川幕府と将棋指し

名人の系譜

藤井聡太の出現で将棋ブームは続いているという。プロデビュー以来、破竹の二九連勝で全国的な大ニュースとなったのはご承知の通りである。現在は全八冠のタイトルをすべて保持している。もちろん将棋史上初めてである。

藤井聡太はなんといっても中年女性から圧倒的な人気を誇る。若者では珍しく謙虚であり礼儀正しい。「あのような息子が我が子なら」という願望の表れなのか。全国各地から将棋のタイトル戦があると北海道や九州でも飛行機で駆けつける熱狂的はファンが存在するのだ。

やはりアメリカで大活躍している大谷翔平も女性に人気である。共通するのは謙虚で礼儀正しく、さらに才能が群を抜いている。加えて二人ともおちゃめな一面もあり、可愛らしいのも共通している。

ミーハーの私も二人のファンであるが、特に藤井聡太の熱狂的なファンだ。デビュー以来、グッズの販売には朝五時に起床して千駄ヶ谷の将棋会館前に並び、シャツや扇子をゲットする有り様である。

将棋は先を読む頭脳ゲームである。現在、八冠あるタイトルの中で最も伝統と格式のあるのが名人である。将棋のプロを目指す子供のほとんどが「名人」を目標とするのが常だ。藤井聡太も小学生の頃の作文では「名人を超す」であった。名人を超えた存在、つまり永世名人になるには名人を通算で五期保持しなければならない。藤井聡太はまだ先である。

私の子供の頃は十四世名人の木村義雄だった。すでに現役を退いていたが、よくＮＨＫ年末恒例の紅白歌合戦の審査員の一人で出演していた。十五世は大山康晴。十六世は中原誠、そして谷川浩司が現在、十七世名人を名乗っている。十八世・森内俊之と十九世・羽生善治は永世名人資格者であるが、まだ名乗ることはできない決まりである。

二十世名人はまだ決まっていないけれども、藤井聡太は早ければ二〇二七年には永世名人資格者となる公算は高い。

さて、前置きが長くなって恐縮だが、もう少しお付き合いをいただきたい。十三世名人は関根金次郎。世襲制から実力制に名人制度を変えた人物である。歌や映画でお馴染みとなった「王将」の坂田三吉とライバル関係であった。十二世は小野五平である。かの文豪、幸田露伴のプライベートレッスンをしていた人物として知られている。

将棋のプロ組織が出来たのは慶長十七年（一六一二年）のことだった。時の将軍、徳川家康が、幕府のなかに碁所、将棋所という機関を設けたのが始まりだという。

それにしてもなにゆえ幕府内に囲碁将棋のプロ組織を設立したのか。文化や伝統を発展させるために設立したわけではあるまい。あるいは武士や庶民の楽しみとして将棋所をつくったわけでもなかろう。

戦国時代が終焉して織田信長から豊臣秀吉を経て徳川家康に政権が移った時期である。いついかなる場合も戦に備えて準備をしなくてはならない。権力者には、情報スタッフとともに戦略スタッフも必要不可欠であったはずだ。どう戦ったらいいのか、駆け引きはどうか——これを研究するために、将棋や囲碁の使い手を戦略チームに入れたという話が伝わっている。

本書ではこれまで、全国を旅する稼業であり、権力者とつながりのある存在に情報屋の可能性を見出してきた。実は将棋指しも、強い者を求めて全国行脚する存在である。とするならば、家康が将棋のプロ組織、将棋所を創設した本来の狙いは、戦略チームへ知恵を拝借するのに加えて、将棋指しを各藩の強豪と戦わせながら、密かに藩の内情を偵察する目的があったかもしれない。

そもそも将棋はインドに端を発し、ペルシャを経て西洋に渡ったのが西洋将棋（チェス）となり、中国を経由して日本に伝わって現在の将棋となった。

ここで　歴代名人と将軍を列挙してみよう。

歴代名人	将軍	時代
第一世名人：大橋宗桂	初代・家康	慶長十七年〜寛永十一年
第二世名人：大橋宗古	三代・家光	寛永十一年〜承応三年
第三世名人：伊藤宗看	四代・家綱	承応三年〜元禄四年
第四世名人：大橋宗桂（第五代）	五代・綱吉	元禄四年〜正徳三年
第五世名人：伊藤宗印（第二代）	七代・家継	正徳三年〜享保八年
第六世名人：大橋宗与（分家）	八代・吉宗	享保八年〜享保十三年
第七世名人：伊藤宗看（第三代）	九代・家重	享保十三年〜宝暦十一年
――名人空位時代――		
第八世名人：大橋宗桂（第九代）	十一代・家斉	寛政元年〜寛政十一年

第九世名人：大橋宗英（分家）　　十一代・家斉　寛政十一年〜文化六年
第十世名人：伊藤宗看（第六代）　十二代・家慶　文政八年〜天保十四年
第十一世名人：伊藤宗印（第八代）　明治十二年〜明治二六年
第十二世名人：小野五平　明治三一年〜大正十年
第十三世名人：関根金次郎　大正十年〜昭和十二年
第十四世名人：木村義雄　昭和十三年〜昭和二六年

宝暦十一年に第七世名人の伊藤宗看が五六歳で死亡すると、名人位は空位となった。寛政元年に九代の宗桂が復活するまで、二八年間も名人は存在していなかった。これは異常事態といえる。

この間の将軍は十代・家治である。歴代将軍のなかでもっとも将棋に熱中し、棋力もプロ並みであったと前に記した。当時の名人との対局の棋譜も残されているが、見事に勝利しているのだ。しかもこの家治、棋書まで出版している。

家治の将棋好きな一面を記した書物、『翁草』（神沢貞幹著、寛政年間発行）によると、「公方様（家治のこと）は毎日若侍衆を相手に将棋を指して遊んだ。勝ったものは負けたものに耳を引っ張るという約束であったが、家治は一度も負けることはなかった」

それほど将棋に熱量を持っていたにもかかわらず、名人を置いていない期間があるのだ。何か幕府と将棋所で深い事情があったのだろうか。

歴代名人をご覧いただければ将棋家元は三つになっている。大橋本家、大橋分家、そして伊藤家である。現在でも将棋の並べ方は二つある。大橋流と伊藤流である。ちなみに藤井聡太は大橋流である。

十一日代の大橋宗桂は、慶応三年二月、「旧記のままに御座候」と断り書きして、大橋家の先祖について次のように記している。

「元祖名人大橋宗桂、織田信長公へ相勤め罷《まか》りあり。将棋に秀で桂馬の妙手これ有り、信長公宗桂と名づけられ、関が原後陣並びに御上洛の節に御供仕り……」

としたがって信長から家康に仕えたのが、第一世名人の大橋宗桂であった。そして五十石五人扶持を貰ったという。

初代名人・大橋宗桂には僧衣姿の画が残されているが、僧籍はなかったらしい。そして信長の家臣に大橋重長という人物がいるのだが、同じ大橋姓で何か関係しているのか。この一族が尾張国津島の大橋家であると『浪合記』に記されている。現在の愛知県一宮市から岐阜県羽島市一体に大橋一族は住んでいるという。

実は私の父は、一宮市の伊藤家で生まれ、親戚の岐阜羽島市の大橋家に養子に出されている。父は尋常小学校の頃から記憶力が抜群によかった。将棋も強く十代でプロ棋士を目指して上京したものの挫折した。将棋の大橋宗家は明治になって断絶しているけれども、亡き父は冗談交じりで愛人の子の、またその子の子などと言っていたのが妙に心に引っかかってしまった。なぜなら私の亡き兄も値段の高い駒を所持し、無類の将棋好きであった。私も同様だ。

ひょっとすると何かどこかでＤＮＡが繋がっているのではないか、とさえ思っている。私の将棋人生で自慢できることと言えば、週刊誌の記者時代に社内将棋大会があり、作家の五味康祐杯で後の直木賞作家、佐藤雅美さんをうち破って優勝（Ａクラス）したことだろうか。自慢話でいたく恐縮ではある。

対局と情報収集

全国各地各藩には必ず将棋の強豪が存在する。強豪はさらに強い相手を求めて挑戦するものであり、今も昔も変わっていない。それをいいことに、家元を各藩に行かせて戦わせているのであった。

例えば、寺社奉行の井上河内守の自邸で、初代・伊藤宗看と美濃の強豪、松本紹尊《しょうそん》という人物が対決しているのだ。何ゆえに六年間も、と疑問は残る。最初に宗看は四連敗したものの結果、宗看の二一勝九敗で、家元の面目を保った。さらに伊藤宗看は長州の強豪でありかつて大橋宗桂とも対決したことのある実力者、荻野真甫《しんぽ》とは九回戦い、七勝二敗で家元が勝った。

そして伊藤宗看と京都出身の強豪、桧垣是安《ひがきぜあん》との対局は凄まじい戦いとなった。京都西御門跡（現、西本願寺）で行われたこの対局の世話役は、後に寺社奉行となった加加爪甲斐守。当初、二人の実力からみて、第二世名人・大橋宗古（当時七七歳）が〝角香交落〟の手合いを命じたという。家元相手であるためかハンデ戦を主張したのである。

だが、是安は平手戦を希望した。理由は自ら考案した〝雁木の駒組〟（現在でもよく使われる戦法）の可否を試みてみたいと訴えたのだが退けられた。角落ちかそれとも香落ちが先かで議論され、結果、駒を振って先を決めたのである。今日の振り駒である。

西本願寺の一室は天井が高く、薄暗さの中にも厳粛な空気が漂っており、その場にいるだけで背筋がピンと張り詰める緊張感であっただろう。世話人をはじめ関係者らが固唾を飲んで見守る。持ち時間は長く、夜になって行燈の明かりに照らされた盤上に二人の男の目が注ぐ。まさに静謐の舞台での真剣勝負であった。

凄まじい斬り合いが演じられていたに違いない。誰もが家元が勝つと思っていたが、家元のちょっとしたミスにより負けてしまった。番狂わせといっていいのか、あるいはさすがに京を代表する強豪であったからか。

第二戦は家元が勝ち、対戦成績は一勝一敗の五分となった。そして第三戦も凄まじいねじり合いで、手数が一六一手で終局した。結果は家元の勝ちであった。

桧垣是安は敗戦の数日後、血を吐いて亡くなったという。将棋史上に残る対局の一つとなったのである。

しかし、問題は勝負ではない。家元がわざわざ京都まで出向き、勝負していることがポイントなのである。ましてこの勝負に関心のある各藩の高官たちも興味を抱いて駆けつけ、泊まり込みで観戦した。将棋の勝負の裏では情報戦が密かに且つ活発に行われていたのだろう。つまり勝負にかこつけた情報収集の目的も潜んでいたのではないか。

したがって家元が美濃の強豪と六年間に渡って戦いをしたのも、それだけ美濃の情報を幕府は欲していたのであろう。

家康が将棋所を幕府内の寺社奉行に置いたのは、各藩の将棋の強豪との対決を掲げながら、情報収集あるいは情報を伝達するといった狙いをもっていたように思えるのだ。

天才少年同士の歴史的対局

さて、名人空位時代がなぜ二八年間も続いたのであろうか。相応しい名人がいなかったからといえばそれまでであるが、将軍家治の将棋熱も関係しているだろう。将棋所の所轄は寺社奉行に属しているが、家治の将棋に対する目が肥えており厳しかったということもあろう。さらに、将棋の家元が三か所あるために、それぞれの思惑や確執もあってなかなか名人を輩出するのが難儀であったのかもしれない。

三つの家元は親戚関係でもあり、子宝に恵まれない場合、養子に出し跡取りにさせていたこともあった。それだけに複雑な人間模様もあったであろう。しかもそれぞれの家元についている豪商らのスポンサーや贔屓筋、加えて幕府内でもそれぞれに応援する家元があって当然である。

将来の名人候補の天才少年の戦いはそれぞれの家元を背負っており、さながら巌流島の決闘であった。

大橋本家を代表して大橋宗銀、時に十六歳。対するのは伊藤家代表の伊藤印達、時にまだ十二歳。ともに将来を期待された天才少年だ。当初はお好み将棋であったから、和気あいあいとしたものであったという。大人たちの目論見であろう。六局目から指し込み制をひく。指し込み制とはハンデ戦となるもので、負ければどんどん相手の駒を落とすことができる。昭和の頃の王将戦は指し込み制であった。升田幸三九段が八段の頃に木村義雄名人と大山康晴名人を半香の手合いに指しこんでいる。現在この制度は余りに厳しい制度ということで廃止となっている。

また持ち時間に関して、現在の名人戦は二日制八時間である。先に四勝したものが勝利する。翻って大橋宗銀と伊藤印達の持ち時間はどのくらいであったのか、定かな記録はない。けれどもおそらく一人の持ち時間は二十四時間であろうか。ふたりで四十八時間だ。単純計算すれば現在の名人戦の一局の持ち時間の三倍にあたる。しかも宝永六年から二年かけて五七局も実施されたのであった。

この勝負には大人たちの悲喜こもごもな思いが渦巻き、大いに盛り上がっていたに違いない。対局する少年らの母親は、まだ日の明けぬうちに起きて井戸からくみ上げた冷たい水を体にかける、いわゆる水垢離《みずごり》しながら我が子の勝利を祈っていただろう。家元の関係者はもちろんのこと、豪商らのスポンサーたちもこの勝負を固唾を飲んで見ていたに違いない。将棋愛好者はどちらが勝つかと賭けていただろう。なにしろ江戸時代は将棋が賭博の対象として大手を振っていたから当然だ。豪商らは一局あたり数十両を賭けていたかもしれない。

まさに二人の天才棋士は大人たちに踊らされていたのであった。まだ幼い少年の肩に家元がかかっている。将来の名人が重たくのしかかっている――。

勝負は二十六局目で動いた。香落ちのハンデとなり、伊藤印達が優位となった。年齢は四つも下であり、しかも将棋の本家であるというプライドもあった大橋宗銀は、香落ちのハンデを押し返そうと必死に頭脳をふりしぼりながら戦った。しかし押し返すどころか五十三局目に角落ちまでハンデをつけられてしまった。挽回は難しい。二人の間の実力差が明らかであった。

その後四局行われて終了した。二人の天才が精も魂も尽きたほど疲弊したことは間違いなかろう、それが影響したのかはわからないが、共に早逝してしまったのだった。伊藤印達は正徳二年九月、十五歳で亡くなった。負けた大橋宗銀も後を追うように正徳三年八月に二十歳で世を去ったのである。

勝利した伊藤印達は五世名人・伊藤宗寿の長男である。弟の三男は大橋家本家に養子に入り、後に八代目の大橋宗桂となっている。また五男の末の弟は後の詰め将棋の大天才、伊藤看寿である。盤上から駒が消える〝煙詰め〟を考案したり、六一一手の詰め将棋は四百年以上の時を経過しても燦然と輝く名作中の名作だ。現在でも詰め将棋界では看寿賞としての名前が残されている。藤井聡太も何度か看寿賞を受けている。

さて、この天才少年同士の対決の背景として、父の二代伊藤宗印と養父の五代大橋宗桂が七世名人を賭けて「争い将棋」が実施されたのかといわれているが、本当のことは定かではない。恐らく幕府からの、「二人の天才少年の対決はどうか」という提案もあったかもしれない。

お城将棋

将棋所では各藩の将棋好きや豪商の若旦那らが将棋を指すだけではなく、情報収集を目的にした人物もそこにいたはずである。浮世絵師や戯作者も顔を出すのはネタ探しであろう。当時の流行作家、山東京伝の『娼妓絹篩』しかり、滝沢馬琴、式亭三馬、近松門左衛門、歌川豊国ら枚挙に暇がない。大阪では井原西鶴、さらに著名な儒学者の荻生徂徠、林羅山らも熱心な将棋愛好者であった。江戸の俳諧師、松尾芭蕉も以下の句を残している。

山桜将棋の盤も片荷かな

夏の夜の下手の将棋の十二番

『象戯名将鑑四巻』（原喜右衛門著、享保六年刊）によると、源頼朝と文覚上人が伊豆の蛭ヶ小島で対局し、棋譜まで載っているという。しかし源平の頃には将棋の記録もないことから、これは偽物といわれている。当時の庶民は、頼朝と文覚上人が戦えばどちらが勝つのか、実戦の戦士か、あるいは頭脳の持ち主かで関心を抱く人が多かったことから、夢の対決をと企画されたものらしい。それほど将棋ファンが多かったのである。

この将棋を活用しない手はないと、家康は将棋所の設立を思い立ったのであろうか。あらゆるジャンルの人たちが将棋に関わっているわけであり、家元である将棋の本拠地である将棋所は社交場ともいえる。それだけに価値のある情報が集まる場所となり、そこを抑えておくのは、天下を治める者として非常に都合がいい。

将棋が強い者は各藩に一人や二人はいたと言われる。みな戦に役だてようとしたのであろうか。家元との対局を通じて、各藩の情報が集まってきたとしたら、それ自体が有効な情報収集策となるだろう。

本書でも述べたように、田沼時代は賄賂が堂々と横行する世の中であった。一方で、江戸文化の爛熟期でもある。春画が密かにブームとなり北斎などの絵師は名前を隠してせっせと稼いでいた。江戸の銭湯も人気となったが、代表的な歓楽街が八丁堀であった。このエリアにも将棋所があったという。周辺には各藩の下屋敷も控えている。さらに与力の屋敷も軒を連ねていた。新内流しの三味線をＢＧＭに縁台将棋に人の輪ができて口を出す輩もいたであろうし、ああ、とため息交じりでぼそぼそと「その手はない」と口ごもるご隠居もいたかもしれない。

将棋の家元は江戸城に行くのが慣わしであった。お城将棋である。現在、十一月十七日は将棋の日となっている。さまざまなイベントが各地で行われている。桜の咲く頃には人間将棋も有名である。武者の紛争をした人間が駒となって戦うという天童市の人気イベントとなっている。藤井聡太が参加した時は大盛況であった。

お城将棋は寛永三年（一六二六年）に始まったとされるが、この以前よりあったとも言われている。

寺社奉行から要請を受けた駕籠屋が将棋の家元らを乗せて江戸城へ。大橋本家、分家、それに伊藤家が参加していたのである。『本因坊家略記』に以下のような記述がある。

「明六時より御門へ相詰め、御太鼓打ち御門開き候と、直に登場致し、御黒書院御縁頬にて碁将棋始まる」

将棋と共に囲碁も一緒に行われていたことが分かる。早朝に太鼓を鳴らして門を開く。江戸城内に響き渡っただろうし、樹木から野鳥も驚き一斉に飛び立った場面が思い浮かぶ

――。

場所は御黒書院の中庭に面した十八畳の間。次の間には将棋所を管轄している寺社奉行が控えていた。三つの家元はリーグ戦であったかもしれない。大橋本家（六代目、大橋宗桂）ｖｓ分家（大橋宗英）。その勝者が伊藤家（六代目、伊藤宗看）と戦う。

将棋盤は萱の木でできたもの。側面は黒漆蒔絵をほどこされて長さ一尺二寸、幅一尺一寸。厚さ三寸五分、足高三寸。駒は後水尾天皇の宸筆の写しであったと記録されている。

剃髪した六代、大橋宗桂は白羽二重に十徳を着ていた。ちなみに十徳とは茶道の正装であり、当時の医師も着ていた羽織である。これは公卿にあらず、武士、農民、町人でもない、学問や技芸を生業にしている文化人の意味合いの衣装だ。

大橋家の場合は初段になると剃髪する慣わしだった。現在、プロ棋士になるのは四段からである。しかし当時は初段になると一人前とみなされていた。大橋宗桂と対決するのは六代目、伊藤宗看。宗看も宗桂と同様な衣装であったと思われる。

「午上刻、御黒書院に出御、御下段御着座上覧これあり、老中、若年寄も出席」（『将軍徳川家礼典録』）

将軍は午前十一時過ぎに家来を引き連れて登場した。一段と緊迫感が漂い、静謐な雰囲気の中で勝負は開始された。駒音が響き渡る。周囲は一手一手に目を注ぎ、対局者の顔色を窺う。真剣勝負であろうがイベントの要素もある。将棋の内容は見る方がハラハラドキドキするようなスリリングなものであったと考えられる。〝見る将〟を楽しませる意図もあったからだ。

実はこの時、勝負はあらかじめ進めており、クライマックスの直前あたりまで初手からポンポンと指していたのである。現代でも途中まで勝負が進んでいるのを指し継ぐスタイルがあるが、それと同様である。でなければ勝負が長すぎて、見ている将軍は退屈してしまうからであろう。

棋譜は初段クラスの門下生が記録した。現在の棋譜は、数字記号である。だが、家治は（一の一）や（二の二）では紛らわしいと〝いろは〟記号を採用していた。

そして勝負は、やるかやられるか、というきわどい寄せ合いとなって勝負がついた。〝見る将〟にとっては面白い展開で、家治を満足させたに違いない。

後は楽しい宴が待っていた。実は情報屋にとって、この宴が重要な舞台ではなかったのか。

『本因坊家略記』にこう記されている。

「朝夕二汁五菜の御料理、木具にて下し置かれ、御吸物、御酒、御菓子、御茶下し置かれ候皆、権現様御代の格式なり（略）御老中様方、若御年寄様方、寺社奉行様方へ、今日の所作仰せつけられ、あり難き幸せに存じ奉り申し上げ……」

寺社奉行も幕府の高官らも参加した宴である。感想戦をしながらリラックスタイムであっただろう。

「飛車を捨てたのはわからぬ。あそこは桂馬の跳ねではあるまいかのう」

「いや、飛車をとると詰みがござる」

「何とあの飛車捨ては、毒まんじゅうでごさったのか」

「さようでござる」

毒まんじゅうとは、格の高い飛車や角あるいは守りの要の駒、金などをタダで相手に取らせる罠である。喜んで駒をとるものなら、敗着となってしまうのである。現代のプロ棋士もたまに使用する。かの藤井聡太八冠も毒まんじゅうを仕掛けた対局があった。

宴は酒が入るから次第にたけなわとなっていく。対局者らと同じ一角にいる家治も、熱く語りながら将棋の世界を楽しんでいた様《さま》が目に浮かぶではないか――。もっともその他は棋力が大分劣るから将棋のことは分からない。いや将棋の内容はどうでもいい。将棋の家元らと家治のいる一角が重要な場面なのだ。

かれらのやりとりの一挙手一投足に目を配らなければならない。したがって情報屋、特に幕府の高官らは目を光らせていたに違いあるまい。顔で笑っているものの目の光だけは失っていない幕府の高官たち。幕府内では家治派というよりも実権を持つ田沼（意次）派と反田沼派がしのぎを削っており、両派はこのお城将棋を介して、凄まじい情報合戦、さながら火花を散らす状況ではなかったのか。

たとえば、「幕府を乗っ取るとは不届き者」と心のどこかで思っていた反田沼派。これに対して何かを企んでいるだろう。隙を見せたら危険である。危険分子は早めに芽を摘まねばなるまい。勝つか負けるか、将棋と同じである。主流の田沼派はそう思っていたのではなかったか。

「殿とあの名人（名人空位のため正式ではないがこう呼んでいたであろう）宗桂との内緒話は、一体、何であろうか。後で将棋所に行って偵察せよ」との命令を下されていた家来もいたに違いあるまい。

権力者は将棋を利用していた？

将棋好きな十代将軍家治は政治を田沼意次に任せて将棋漬の日々であったから、非公式でも家元を登城させていた可能性はある。そのたびに寺社奉行は駕籠の手配をしていたはずだ。

前述したように、家治は七段を家元の大橋宗桂より許可されている。これは異例のことである。現在のプロの九段に相当する。なにしろ将棋の著書のある家治であった。彼の著した『御撰象基攻格』百番は、詰め将棋の図式集である。

もっぱら将棋の世界の奥深さを追求していた家治だったが、これには祖父の吉宗も肩を落としたに違いない。もっとも吉宗も将棋が好きだったようである。有徳院実記によると、「象戯つかふとふは、まづ盤にむかふより心をさだめ王将の位を正しく守り、金銀桂馬各その職を犯さず飛車、角より歩卒に至る迄一手いだすも疎略なくひずみのなきもととし」

吉宗は将棋を実際の幕府内の人間模様に照らしていたのであろうか。孫の家治は幼き頃より頭脳明晰であり、将来の江戸幕府を背負って立つであろうと大いに期待していた。しかし吉宗の後を引き継いだ家重はあまり賢くなかったので田沼に事実上の権利を与え、田沼政治のはじまりとなった。

そして次第に幕府内で田沼色が強まっていく一方で、将軍色が薄まっていくことに吉宗は懸念を持ち始めていた。それがやがて反田沼勢力として拡大していく。松平定信を軸とした流れとなったのだ。

将棋指し（将棋棋士）の頭脳は為政者ならば誰もが活用したいと思う反面、逆の勢力側につけば大いなる恐怖ともなり得る、と当時の人は考えたのである。

五世名人伊藤宗看は若干一一歳でお城将棋を務め、二三歳で名人を襲名。時の最年少名人となった。幕府内の大学頭儒者、林信充はこの最年少の名人を称して「当代の名人、世間に独歩し、海内に無敵なり」とその強さを讃えている。

この最年少名人となった伊藤宗看には五人の男子があった。長男が将棋界の〝巌流島の決闘〟に勝利した印達であり、三男は大橋本家の養子となって後に五代目大橋宗桂を継いでいる。末の五男は詰め将棋の大天才、伊藤看寿である。なにしろ看寿の頭脳を恐れた時の為政者が「三年の閉門を申し付けた」との言い伝えがあるほど、その頭脳は恐れられた。かように将棋指しは為政者、学者からも注目されて、あたかも狂言回しの如く幕府に活用された。江戸城内の空気感などから情報をキャッチしようとした人物は少なくなかった。

寛政元年（一七八九年）、二八年ぶりの八世名人、大橋宗桂が誕生した。名人の空白時代が終わったのである。家治の死後、二年目のことだった。

家治は病に倒れたが、田沼意次に「よく効く薬がある」と勧められて飲み、まもなく亡くなった。田沼に毒を盛られたと江戸の庶民からささやかれ、田沼はまもなく失脚した。将棋愛好家の間では〝毒まんじゅう〟を食ったからだ、といわれていたに違いあるまい。

将棋界には相撲界の如く番付表があり、国会図書館のデジタル資料を閲覧することができる。これによると、当時のトップは八丁堀に住んでいる伊藤宗看名人である。次いで七段の大橋宗与（大橋分家）。三番手は大橋宗桂で下谷に住んでいた。以下六段、五段、四段と掲載されて個人名がズラリと並んでいる。

初段の項に池田菊女とある。『将棋営中日記』では「芝神明前のあやしき女にて菊といへり者、将棋を能くして初段なり」と触れられている。〝あやしき女〟というのはどういうことであろうか。ひょっとすると情報屋の意味合いが込められているのだろうか。

『大日本御将棋評判記』では、勧進元が大橋柳雪。全国各地の強者《つわもの》の名前がズラリ。地名だけを上げるとやはり江戸と大阪、そして京（京都）が多い。ほかに越後、越中、備前、尾州、尾張、忍者の里として名高い甲賀、遠くは日向、阿波と記されている。ちなみに阿波の強豪は斎藤長右エ門という。東洲斎写楽（斎藤十郎兵衛）と名字が同じである。ほかに加賀や兵庫、常陸の強豪も名前を連ねている。

将棋指しは、より強い人物を求めて全国行脚する。坂田三吉が関根名人だけを追ったように、である。対局のお膳立ては寺社奉行が中心となっていた。当然のことながら幕府の高官からの命であったと思われる。人物というよりもエリア、つまりどこの藩かが重要となっていたのではないか。気になる藩から優先して対局が組まれた可能性もありはしないか。

将棋の対局に裏に潜む情報収集は幕府の目論むところであろうし、ひいては将棋所の設立の理由でもあったと私は思っている。

女流にも目を転じてみよう。八丁堀のお春、大橋浪女、本郷のまさ女、水野こう女、大島き代女という名前も散見される。ちなみに浪女は二段とのこと。そして八丁堀の春こと、お春ちゃんは、大橋家の本家か分家かの娘であったと言われている。きっと美人ではなかったのか、と勝手に想像してしまう。だから旦那衆相手に将棋を教えていたであろうし、勝てばなにがしかのご褒美をもらっていただろう。私はこの八丁堀の春ちゃんを若い時に調べたこともあった。今思うとやはり情報屋の側面はあった、と思えてならない。春ちゃんに限らず女流の将棋指しは頭も賢く先を読む力を持っているから、情報屋の才は、かの〝くの一〟に負けず劣らぬ存在であったかもしれない。

徳川幕府が長期政権を築くことができた要因に、将棋所の成立とそこを通じた情報収集の成果があった、のかもしれない。

幕末となり幕府からの庇護を失われた世襲制の家元は、廃止に追い込まれる。けれども将棋の棋士たちは時代に翻弄されながらも命脈を保ち、今日の隆盛に繋げたのである。

二十世名人の誕生は、もうすぐそこまできている。

第七章　シーボルトの光と影

〝成りすまし〟で来日

一人の若者が夢を膨らませて目的地に刻一刻近づいている。もちろん初めての地であり不安もあるし身の危険さえ感じていただろう。とはいえ子供の頃より耳にし、目にした書物からは〝黄金の国ジパング〟のイメージが頭の隅に残っていた。ヨーロッパ人にとってはミステリアスであり神秘の国。若者だからこそ心を突き動かし遠い東の端を目指して行動したのかもしれない。大海原を見つめながら遥か彼方の水平線に碧眼の若者は目を注ぐ。

ほとんどの外国との交易を拒み独自の文化圏を持つ国。東洋の周囲を海に囲まれた島国、日本。白人碧眼の若者は交易を許されたオランダ人ではなかった。したがってルール上、入国は出来ない。若者はプロイセン出身であった。だがスラブ系を除き、ヨーロッパ人は外見からではどこの国出身か見分けがつきにくい。まして東洋人なら決して気がつくことはあるまい。ならば〝成りすまし〟になればＯＫである。といっても、プロイセン政府のお墨付きをとっていたし、オランダ政府の許可済という周到さであった。

こうして一人の碧眼の若者は肥前国の出島に上陸した。時に文政六年（一八二三年）七月六月のことであった。

フィリップ・フォン・シーボルト、二六歳、医師である。

シーボルトは出島にあるオランダ商館付の医師として働くこととなった。しかしこれは表向きの顔。本来の任務は、総合的・科学的調査あるいは自然の調査官であった。いわゆる偵察員であり情報活動であったのだ。当然のことながら秘密情報であればあるほど価値は高く、それだけにまかり間違えれば身の危険さえあった。

出島は幕府が外交政策として初めて作った人工島である。面積は約四千坪。オランダの東インド会社の日本支社としてオランダ商務館があった。この商務館には常時通訳がおり、他に火用心番、門番、料理人、船番、庭番など一〇〇人以上の日本人が働いていた。

原則、公用以外の出入りは禁止されていた。日本人、オランダ人が密輸などを働けば告訴せよ、賞金を与えるとの立札もあったという。この中でシーボルトは他のオランダ商務館所属の外国人と違い、特別に出島の外に出ることを許されていたのだった。

オランダ商務館は長崎奉行の管理下にあった。それだけ出島からの外出は厳しかったのであるが、シーボルトは医師である。町に病人がいれば駆けつけて治療にあたっていた。日本側としても、特別扱いせざるを得ない。

このオランダ商務館にいたのはオランダ人だけではなかっただろう。オランダ人に成りすます、シーボルトと同様な人たちも少なくなかったと思われる。ヨーロッパ人にとって日本は神秘の国であったし、通商上でも重要な拠点となることは間違いなかった。たとえばロシアの探検家が仙台藩に押し掛けて、出島でオランダのように通商できないか、と迫る交渉もあった。が、これは成功しなかった。幕府の峻拒だけではなくオランダも共にロシアの進出を拒んだに違いない。

シーボルトは島原の町へ出れば多くの日本人と接触できた。接触ができれば当然のことながら情報量も増えていく。医師という立場上、両手を広げてさまざまな階級の人たちとの交流が可能であったからだ。

町に出たシーボルトは年配者から、火山の地震により津波が起きて甚大なる犠牲者が出た話（島原大変肥後迷惑、一七九二年五月二一日）を聞いただろう。加えて名山と言われる富士山の噴火も耳にしたかもしれない。こうして、地震の国であり自然災害の少なくない国であることを知る。

日本人女性と結婚

シーボルトの知的好奇心は学術的方面のみならず、生活臭のある地方の庶民の暮らしにも向いていた。こうした日々の中でシーボルトは一人の日本女性と巡り合う。「滝《タキ》ちゃん」と呼ばれて人気のあった島原遊郭の楠本滝であった。当時、十七歳。シーボルトは十一歳年上であるから二八歳の時だ。シーボルトはこの滝に運命的なものを感じていたのかもしれない。なぜなら来日の翌年に木造二階建ての家をつくり、塾を開いたのだが、地元名、鳴滝にちなんで塾名を「鳴滝塾」と称した。同じ〝滝〟ではないか、と。もちろんそれだけではなく、可憐であり貧困ゆえの卑屈さもなく明るい振る舞いに惹かれたのであろうか。おそらく「滝ちゃん」と会うたびに日本語を学んでいたに違いない。滝ちゃんは文字を書くことはできなかったといわれており、専らスピーチであっただろう。シーボルトはオランダ語を教えた。

教え、教えられる関係から、年の差を乗り越えて二人の愛は育っていった。

貴族階級の家で育ったシーボルトに対して、タキは対極的な位置にいる存在だった。昔から、結婚するならば均衡のとれた同士、釣り合いのとれた者同士でなければ破綻する、とも言われる。不均衡の恋愛は世間から批判を浴びることもたびたびあると聞く。家柄の違いで価値観が異なり、ひび割れとなるからである。江戸時代は格差の激しい社会であった。しかも外国人である。結婚など考えられなかったはずだ。かの唐人お吉も悲惨な最期を遂げているではないか。

だが、シーボルトの場合、格差、貧困など眼中になかったようだ。男と女の恋にはそんなものは関係ないと言わんばかりに年の離れたタキに恋をした。タキもシーボルトの熱意に次第に女心を燃やした、と思われる。もっともシーボルトの頭の隅のどこかに、日本妻を娶れば日本の情報をキャッチしやすくなるといった助平根性もあったかもしれない。

そもそもシーボルトはなかなかの情熱家あるいは激情型のタイプであったらしい。当時のヨーロッパは決闘ばやりであった。ちょっとした諍いがあれば、すぐ「決闘しよう」という物騒な世でもあった。シーボルトが日本にやってきてオランダ商務館付けの医師として勤務した際、館長と諍いとなり「じゃあ決闘しよう」などといった話も洩れ伝わっている。反面、貧困や悲しい境遇に同情する優しい心も持ちあわせていたようだ。

シーボルトはタキと一緒に暮らすこととなる。日本人妻を持って鳴滝を拠点としてますます安定感の出てきたシーボルトは、さらに情報の網を広げていく。日本人にとっても日本人妻がいるとなれば、警戒を緩めることにもなるだろう。かの間宮林蔵の如く、蝦夷のアイヌ人の娘と結ばれて子供をもうけ、地元民から信用されて大いなる協力を受けた結果、世紀の大発見に繋げたのである。これをしも、情報屋としての一つの手段であろう。もっともシーボルトは間宮よりも十一歳年上である。間宮林蔵の方がシーボルトをお手本にしたのかもしれない。間宮林蔵とタキは偶然にも同い年である。シーボルトとこの間宮林蔵はその後、運命の糸に導かれるように深い縁で繋がることになっていく。

シーボルトの開いた私塾、鳴滝塾には続々と日本の若者が集まって来た。この塾でシーボルトはオランダ語、医学、薬草学など幅広く教えた。若者は全国各地から、それも優秀な人材ばかりであった。その数一五〇人余り。将来を期待された人材が藩からの支援を受けて学びにきたというのだ。今なら国費留学生並みだろう。

なぜ全国から優秀な人材が島原の鳴滝塾に集結したのか。実はオランダ商務館の館長は年に一度、江戸幕府から招待を受けて直接、将軍と謁見するのが慣わしであった。幕府とオランダとの情報交換であった。

シーボルトも館長に随行し謁見している。オランダを通じてヨーロッパ事情を、得意の話術で解説していたのではないか。世間知らずの幕府の上官クラスを手玉にとるくらいは、いとも簡単ではなかったのか。質問を受ければ、答えはそれに類した情報にも及び、あまりの知識の広さに幕臣たちは唖然とするばかりであったに違いない。

一方、シーボルトにとっては、教え子がどんどん増えて各地の藩に戻りエリート官僚になっていくとすれば、より内容の濃い情報をキャッチできる可能性が高まる。

加えてシーボルトは日本人から信用をかち得た。タキとの間に子供、楠本イネが生まれて、シーボルトは父親となったからである。

シーボルト事件

ここでシーボルトの略歴を簡単に記しておく。

シーボルトの父は名門大学の生理学や産婦人科教授を歴任している。シーボルトも名門のヴュルツブルク大学（ドイツ）で医学のほかに生物学、人類学、民俗学などを学ぶ。卒業後、医学博士となって医師の仕事をする。その後、日本に関心を抱き、オランダ領東インドの陸軍軍医外科少佐となった。そしてロッテルダムからバタビア（ジャカルタ）を経て、日本に来たのである。まさに超上流階級の子弟であり、出島のオランダ商務館の館長、スチュルレルも一目も二目もおく存在であった。

シーボルトの教え子の中からは、ドクトル（ドクター）の称号を得た高野長英や日本初の理学博士である伊藤圭介、幕府の蘭方医であり近代医学の祖といわれた伊東玄朴もいた。玄朴の子孫（伊東貞三）は昭和天皇の侍医を務めた。さらに日本の眼科医の父である高良斎、そしてシーボルトのカバン持ち的な側近、医師の二宮敬作らが輩出されたのだった。

シーボルトが館長に随行して江戸に行く途上、各藩の学者らと会って交流を重ねている。当然のことながら伊能忠敬が日本地図を作製中であることも耳にすることになる。

それはぜひとも手に入れたい！　シーボルトは弟子らを使ってアクセスしていった。まず高野長英が手先となって動く。伊能忠敬は高齢となり、地図作製は高橋景保が実質的な責任者となっていた。高橋はオランダ語を学んでおりシーボルトをいたく敬愛していていたから、連絡はスムースと思われる。江戸で直接会う日時を、高野長英ら弟子らが連絡をとりあって決めた。

シーボルトと高橋景保は江戸で触接した。シーボルトのカバン持ち、二宮敬作ら弟子たちも同席していたと思われる。一体どんな話をしたのだろうか。引き換えにヨーロッパの国の地図を渡す、といった話もあったのかもしれない。シーボルトはよくそんな話題を持ち出し相手の関心をあおる癖があったからだ。何やら交換条件を出すのがシーボルト流であったのであろうか。

結果、日本地図の写しを渡す約束が交わされ、高野長英を介してシーボルトへ渡った。地図をゲットできれば速やかに、これまで収集したさまざまな情報やら数々の品々を持ってオランダに戻らなければならない。情報屋のシーボルトは満足感に浸っていたと思われる。一方で、妻のタキと一人娘のイネとの別れが待っているのは辛いことではなかったか。

文政十一年（一八二八年）九月十七日夜半から朝にかけて、長崎地方は台風に襲われた。当時、海上の波の高さは六、七メートルであったという。『日本気象史料』によると、「台風の経路を長崎の南西海上より上陸、佐賀、福岡、下関近傍を通って日本海に入った」と推定している。なにしろ鳴滝のシーボルトの自宅二階が崩れ落ちる寸前、といわれるほど強い台風であったらしい。後に「シーボルト台風」と呼ばれている。

長崎港内の、シーボルトが乗るべき予定のオランダ船「コリネリス・ハウトマン」号は、この台風によって稲佐村の海岸で座礁してしまった。浮上作業を通じて積荷物を検査したところ、禁制品の日本地図が見つかった。さらに葵の紋付き帷子なども。加えて船の底にはバランスを保つためであったのか、輸出用の銅がどっさりと積み込まれていた。

この情報はただちに幕府に伝達された。幕府は長崎奉行へ折り返し伝達。国家機密に関わる重大事項であり、関係者を捕捉せよとの命が下された。出島各所も探索された。和蘭通訳ら多数の関係者は捕まり、町年寄預りの処分となったのである。

事件から二か月後、日本地図を渡した高橋景保は町奉行によって捕まった。なぜ高橋の行動がバレてしまったのか。ここで間宮林蔵の登場だ。間宮がすべてのカギを握っていたのである。

シーボルトは高橋景保から、伊能忠敬の作成した日本地図の写しを受け取った謝礼の小包を高橋景保宅へ送った。小包の中に書状とともに間宮林蔵宛の小包も含まれていた。なぜ、間宮の小包も一緒にあったのか。シーボルトは間宮にも接近したかったのではないか。情報屋としての皮膚感覚で、幕府の密使的な役割を担っている間宮と繋がって損はないと察知したのではないか。蝦夷にはすこぶる詳しい間宮に軽いジャブを放った行動と思えなくもない。

高橋景保はお人好であるのか、直ちに間宮林蔵宛の小包を抱えて間宮の屋敷を訪問した。間宮は高橋から小包を受け取ったものの開封はしなかった。情報屋の間宮林蔵の触角が反応したからに違いない。

そもそも外国人との交信は禁じられている。ふつうなら小包を開封したい気持ちを抑えて、その手に乗るものかと間宮は勘定奉行所へ駆け込んだのである。

勘定奉行の村垣淡路守のもと、間宮林蔵らが見守る中、小包は開封された。内容は手紙と輸入品の更紗（ビロード）が入っていた。手紙にはオランダ語で「間宮林蔵氏の学問的業績に敬意」と持ち上げて花柄模様の布を進呈する、と書いてあった。さらにヨーロッパに帰国後に他国の地図を送る、とプレゼントの用意をチラつかせ、代わりに「蝦夷の植物の押し花をいただけないか」とも。

この状況から判断して高橋景保とシーボルトが交信しているのは明確となった。幕府は伊能忠敬の日本地図を自由に扱える立場の高橋景保の身辺捜査を続けていたのだ。

一方、日本地図を外国に持ち去ろうとしたシーボルトは、オランダ商務館の館長預かりとなった。『シーボルト』（呉秀三著、明治二九年刊）によると、「高橋景保はロシア人の動静と極東アジアの地理に強い関心を抱いていた」という。機を見るに敏なシーボルトは高野長英から情報を得て高橋景保の世界観を熟知し、コントロールしたのではないか。後は地図を持ち帰るだけと思いきや、天候だけは予測できなかったわけだ。

シーボルトは本来なら国外追放ではあるけれども、そんな強気に出られる幕府ではなかった。将軍家斉とも何回か謁見している。バックにはヨーロッパがついている。科学、医学において日本よりも遥かに先を行っている。恐れ多くも蔑ろにするわけにはいくまい。したがってシーボルトの処分をオランダ商務館館長預かりという体をとったのであった。

常に外国に狙われていた幕府である。情報屋を使って、周りに配慮しながら動いていたにちがいない。

一方のシーボルトは、一番弟子の高野長英に直ちに「身を隠せ」の指示。高野は姿を隠したために幕府に捕捉されることはなかった。恐らく幕府の捜査は形式上のものに過ぎなかった。高橋景保だけに絞って重罪としたのであろう。厳しい対応で外国を敵に回すわけにはいかないが、幕府の威厳を世に示す必要もあったのだ。

高橋景保は事件から二か月後に捕まり伝馬町の牢屋敷に入れられた。しかしまもなく獄死してしまう。けれども荼毘に付さずに遺体は塩漬けで保存された。さらに厳しい刑が待っているからだった。翌年の春、塩漬けされた遺体を江戸庶民に見せるための引き回しが行われた。伝馬町の牢屋敷から日本橋、赤坂御苑、四谷御門を経て両国橋を渡り小塚原刑場で斬首された。享年四五。

帰国と再来日

一方、事件発覚から一年八か月後の文政十二年（一八二九年）十二月三十日、シーボルトは日本を離れることになった。日本人の妻子と別れなければならない。時にシーボルト三三歳。一人娘のイネ（二歳）を抱える妻のタキはまだ二二歳であった。港にはカバン持ちの側近、二宮敬作ら多くの門下生の見送りがズラリ。シーボルトは妻子と抱擁して別れを惜しむ。タキは涙を浮かべていたであろう。シーボルトは側近の二宮敬作の手を握り、「タキ母子を頼む」と託す。二宮も何度も頷く姿勢であった。やがてシーボルトは船に乗り込む。

船はゆっくりと港を離れていく。と、突然、用意してあった小舟に二宮ら門下生が乗り込んだ。タキ母子も一艘の小舟へ。船頭が櫂を動かす。小舟が数隻、船舶に近づく。船舶の甲板にシーボルトが立ち、妻子の方に向かって手を振っている。

するとタキは二歳のイネを両手で持ち上げて、

「そなたのイネを立派に育てる！」と叫び、続けて、

「ヤイ　シーボルト　イカーバイエ」（愛してる、シーボルト様）とオランダ語で言う。

二宮敬作も、

「シーボルト先生、まかせてください。妻子はしっかりと面倒を見ます。心配しないでください」とオランダ語で叫ぶ。

「さようなら、お元気で」とオランダ語で一斉に門下生が声をそろえた。

「さようなら」と風に乗ってシーボルトの声が日本語で届く。そして、

「タキ、愛している」との日本語が風に乗ってきた。

この日は風の強い日であった。タキの乗る小舟は右に左に大きく揺れていたという。タキの心はいかばかりであっただろうか。

シーボルトは翌年の夏にオランダに到着した。ミステリアスな東洋の黄金の国、ジパングのお土産を山の如く持ち帰った。品々を見たオランダ政府の職員たちは目を丸くして驚き、すべて買い取りたいと申し出る。そして情報屋としてのシーボルトの成果を讃えただろう。シーボルトはプロイセン政府の分を残し、オランダ政府に買い取ってもらった。

現在、シーボルトが日本から持ち去ったデータ類は、オランダ最古のライデン大学図書館をはじめ国立民族博物館さらに大英図書館、ベルリン国立図書館に残されているという。

帰国後、シーボルトはオランダのライデン市に住みつく。

タキはシーボルトと離別したあとも、オランダに住むシーボルト宛に書状を出していたようだ。昭和の時代にオランダの最古の図書館の奥に眠っていた書状が見つかっている。「シイボルト様」で始まる書状はなかなかの達筆書きであった。内容は二人の間に授かった子供、楠本イネの様子を「元気に育っている。そなたに似て賢い」などと綴られていた。しかしこの手紙は代筆と言われている。恐らくシーボルトのカバン持ちであった二宮敬作がタキから思いを聞き筆をとった、とのことだ。

一八四五年、四八歳の時に、シーボルトはヘレーネ・F・ガーゲレンと結婚した。翌年に長男アレクサンダーが生まれている。その後、合わせて三男二女、イネを含めると六人の父親となったのである。

日本を離れてちょうど三十年後、安政五年（一八五九年）のこと、十五歳の長男、アレクサンダーを伴ってシーボルトは再び日本にやって来た。日本に追放された身であったものの、江戸幕府からの要請を受けて再来日したのだった。日米修好通商条約を始め外国との条約締結など時代の流れもあったとはいえ、シーボルトの情報屋の手腕が買われた。幕府はシーボルトを外交顧問としたのである。その後、江戸にてヨーロッパ事情の講義もしている。

安政五年と言えば安政の大獄であり、日本国内では外国との通商を巡って様々な内紛が生じていた。幕府にとっては藁をも縋る危機感を覚えたのだろうか。シーボルトに懇願して外交の窓口を依頼したのである。シーボルトにしても断る理由はなく、というよりも渡りに船と思ったに違いない。だからこそ息子をわざわざ同行させたのである。

シーボルトは情報屋の力をさらに発揮する。十五歳で英語もあまり上手でなかった息子のアレクサンダーを英国公使館へ潜り込ませたのであった。もちろん英国の情報を得られることに繋がるからである。

アレクサンダーは努力もあってまもなく英語をマスター。英国の国家試験に合格したのだった。本格的な通訳・翻訳官となり、さらに飛躍する。なんとパリ万国博物館の徳川将軍（慶喜）名代となって派遣されたのである。大出世ではないか。まさに父に劣らぬ、情報屋の能力であろうか。

その後アレクサンダーは、イタリア、ベルリン、オーストラリアと外交官として大活躍した。次男のハインリヒも兄に負けず劣らず外交官として羽ばたいた。日本では兄と共に諸外国との条約締結の職務を行っていたし、ウィーン万国博覧会では兄とともに日本館の物品の選定および通訳として関わった。結果、日本館は連日の大盛況であったという。

ハインリヒの妻は日本人、岩本はなであった。日本橋の商家の娘で、二人の間にできた子供は二男一女。妻の岩本はなは芸事が達者。長唄、琴、三味線、踊りの免許皆伝の持ち主で、かの福沢諭吉の娘の踊りの師匠であった。

シーボルトと高橋景保

シーボルトが日本に再来日した当時、タキとイネ母子は長崎で三十年ぶりの再会を果たしている。六三歳のシーボルト。五二歳のタキ。三二歳の娘イネであった。むろん段取りをとったのは、シーボルトのカバン持ちの側近で町医者の二宮敬作である。

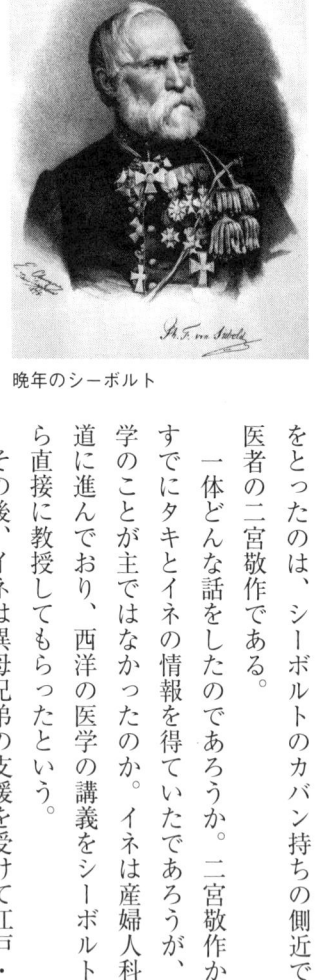

一体どんな話をしたのであろうか。二宮敬作からすでにタキとイネの情報を得ていたであろうが、医学のことが主ではなかったのか。イネは産婦人科の道に進んでおり、西洋の医学の講義をシーボルトから直接に教授してもらったという。

晩年のシーボルト

その後、イネは異母兄弟の支援を受けて江戸・築地に産婦人科を開業している。福沢諭吉の口添えもあって宮内庁御用係にもなり、女官らの出産に立ち会っている。また異母兄弟のハインリヒの妻、岩本はなの出産にも立ち会っている。異母兄弟の子供たちの関係は良好であったらしい。

シーボルトは再び日本のさまざまなものを集めて、文久四年（一八六四年）にオランダに向けて帰国した。帰国後にオランダ政府に対日代表部に任命して欲しいとの要求を訴えたものの拒否されてしまった。日本から持ち帰った二千点余りの品々の買取の要求も断固断られてしまった。オランダにとっては、幕府に情報を流しているのではないか、と疑いをもたれ危険と判断されたのか。最初の日本から戻ってきた時とはがらりと対応が違ったのだ。

シーボルトはショックを受けた。激情型の一面もあったシーボルトは加齢も手伝って短気となり、「オランダには住めない」と生まれ育った故郷、ヴュルツブルクに戻ることになった。そして、再び日本を訪問したいと計画途上に敗血病で亡くなった。江戸幕府の終焉、一年前のことである。享年七十。

シーボルトは医学者のみでは満足できず、様々な分野に挑戦した。好奇心が人一倍強かったのであろう。シーボルトの仕事を大きく二つに分けるとすれば、一つは医学者であり、もう一つは情報屋であろう。もっとも医学者としてよりも情報屋としてシーボルトは多くの業績を残したといえる。

シーボルトのDNAは二人の息子にしっかりと受け継がれ、彼らは外交官となって日本で活躍した。一方で医学者のDNAは日本人妻との間にできたイネに受け継がれた。イネは日本初の産婦人科医となったのだ。ちなみにシーボルトの父は産婦人科の教授でもあった。

シーボルトに日本地図を渡した高橋景保の墓を訪ねた。東上野の源空寺である。父の高橋至時の隣にひっそりと眠っている。そばには伊能忠敬の墓があり、花が活けてある。けれども高橋景保を知る人は今ではほとんどいない。

天文学、測量の計算は優れたものの、人間あるいは時代を読む情報にはきわめて疎かったのではなかったろうか。ここがシーボルトと高橋景保との大きな違いであろうか。

シーボルトの偉大さは教科書に載り、長崎には記念館やら博物館も出来上がり大いに讃えられている。一方、シーボルトから懇願されて日本地図を渡した高橋景保は悲惨な最期をとげた。

伊能忠敬が生涯をかけて作成した日本地図は江戸城内に大事に保管されていたが、思わぬ火事となって地図は灰となってしまった。

だが、伊能図の〝写し〟がもう一つ外国から見つかったのである。〝写し〟は他にもあったのだ。これをしも高橋景保のお陰であろうか。

第八章　俳諧師・芭蕉とその弟子の陽と陰

芭蕉忍者説

一日五十キロを歩くこともあったという。総歩行距離二四〇〇キロ余り、まあよくも歩いたものだ。松尾芭蕉、時に四五歳だった。弟子の曽良を伴って江戸・深川から出発したのは元禄二年（一六八九年）三月のことであった。かの伊能忠敬も同じ深川からスタートしている。

二人の目的は全く違うものの、当時の平均寿命が四五から五十歳と言われた時代に、ほぼ晩年に近いにも拘わらず「足で歩く」という執念に、現代人は感嘆というよりも驚嘆してしまう。

伊能忠敬は測量・観測であるが、芭蕉の場合は感興が沸き上がれば立ち止まり、句作に耽る。

閑《しずか》さや岩にしみいる蝉の声

なんてのんびりと人生を楽しんでいるのだろうか、日々時間に追われながら過ごす人々が圧倒的に多いのは、今も昔も変わらぬ。贅沢で優雅と羨望の声が聞こえてきそうだ。それにしても芭蕉の健脚ぶりに誰もが注目してしまう。さまざまな交通手段があり、長く歩くことの機会の少ない現代人にとっては、「本当に歩いたの？　駕籠に乗っていたのでは」と首を傾げる人も。現に私も前に触れたようにサラリーマン時代に仲間たちと東海道五十三次の旅を実践したのだが、歩けるのは一日でせいぜい二十キロぐらいであった。最初に音を上げるのは決まって、「東海道歩こう会」言い出しっぺの私だった。それだけに芭蕉一行が平均で四十キロ、多い日には五十キロと聞くと直ちに首肯しかねた。

おそらく驚異的な健脚が発端となったのかもしれない。昭和の時代、芭蕉は忍者であったという説がまことしやかに言われるようになった。なにしろ芭蕉の生まれは伊賀国である。伊賀と言えば忍者で有名なところ。これらがベースとなって芭蕉の忍者説、隠密説が膨らんだ。ドラマや映画、小説となって密かなブームとなり、芭蕉の忍者説をマジメに研究した大学のセンセイも現れたのである。

結論を言えば、歴史研究上で芭蕉忍者説は否定されている。芭蕉は、純粋に旅を続けて句作に向き合っていたんだ、と。至極ごもっともではある。

が、しかしである。忍者や隠密といったプロの情報屋ではなくとも、俳諧師として旅から旅に生きる移動の生業が情報とセットになるのは自然なことではないか。人伝で情報が回っていた時代、メッセージを届け、あるいは受けたりと情報交換が可能な立場なのである。ならば権力者が、この人材を利用・活用しない手はないだろう、特に芭蕉の生きた頃は、まだまだ戦国時代の記憶が残っていた時代だ、幕府にとっても安定した社会であらねばならない。安土桃山時代のような短期政権であってはならぬ。危険分子は早期に発見して芽を摘まねばならない。戦国の世であれ泰平の世であれ、為政者は情報がカギを握ることを熟知していたはずだ。

とはいえ幕府が直々に動き出せば警戒されてしまい、真実をゲットするのはなかなか困難となってしまう。とすれば俳諧師や絵師、さらに将棋指し等の全国行脚する生業の人材を有効利用すればいい。〝エージェント〟をかませれば、ある種の蓑となる。蓑をいくつか重ねれば、さらに本丸はぼかされて敵方に見破られる危険は希薄となる。

芭蕉が情報屋の側面を抱えて江戸・深川を出発したのはほぼ間違いないと私は睨んでい

る。芭蕉のことである、句作のなかに情報屋の片鱗を見つけることも出来るかもしれない。

みちのくへの旅路

芭蕉と弟子の曽良は最初の宿場町、千住へ到着した。現在、南千住駅の西口広場前に芭蕉の銅像が立っている。私はサラリーマン時代にアニメの「サザエさん」を担当しており、制作会社のスタッフとよくこの芭蕉のブロンズ象の前で待ち合わせしたものであった。

江戸時代、このあたりは近くに小塚原刑場があって寂寞としたところであった。が、ここを通り抜ければ千住の宿場町に着く。現在の北千住駅のあたりだ。現代は格好の選挙演説の場所でいつも賑わっているが、江戸時代も同様であったらしい。参勤交代の大名行列が通った道路は残っているが意外と道幅は狭い。それでも目を閉じると当時の賑わいが甦ってくる。芭蕉も曽良も僧の格好をしていたせいか、艶っぽい女の声かけはなかったかもしれないが、それでも旅人への客引きはかしましかったに違いない。

芭蕉の『奥の細道』は歌枕探訪の旅というのが研究家の間では定説である。歌枕とは簡単にいえば、各地の名所、旧跡のこと。俳句的にいえば、記憶や印象を観念的に捉えて枕詞にしたものらしい。

さて、千住を過ぎて二つ目の宿場町は草加だ。ここでは駅近くに芭蕉のモニュメントがあるほかに、旧日光街道沿いの松並木通りが国指定の名勝地「おくのほそ道の風景地」となっている。綾瀬川に沿った街道の風景は、江戸時代にタイムスリップした錯覚を覚える。芭蕉像や文学碑、さらに芭蕉庵、弟子の曽良の像まで、まさに芭蕉一色のエリアとなっているのだ。

芭蕉と曽良は草加せんべいとお茶でも飲んでしばしの一服でもしたのであろうか。そもそも旅に行けばまず名産の食べ物を思い浮かべるのは今も昔も変わらない。地元の人との会話から発展して思わぬ土産話を聞けることも、また旅の楽しみの一つである。

この話題が次の場所で生きる。芭蕉を利用した人物も、ここに着目したに違いない。俳諧師は人並外れた感性の持ち主でもあるから、情報の察知能力も優れていたと判断したのではないか。

芭蕉と曽良

芭蕉と五歳年下の曽良は次の宿場町、越ケ谷（現、越谷）宿へ到着した。家康が鷹狩をした場所であった。陣屋や脇陣屋も含めて五七軒の旅籠屋があったという。鴨料理が季節の目玉であり人気であったらしい。昭和時代にも街道筋には鴨が多く売られていたものである。ちなみに現在、鴨場は宮内庁に引き継がれている。
芭蕉らは越谷から粕壁（現、春日部）を経て北へ進む。芭蕉が情報収集をするべき藩がジワジワと近づきつつあった。その前に芭蕉らは日光へ到着した。

暫は滝の襲るや夏の初
世の人の見付ぬ花や軒の栗

裏見の滝である。情報は一方から見るのではなく裏からも見れば別な顔を知ることもできる。また家の軒下に栗がぶら下がっている光景も意外に気がつかない場合もあろう。情報とはそんなところにも転がっているのを見過ごしてはいないか、とも思えてならないのだ。
日光を後にした芭蕉は、黒羽那須でこんな句を残した。

夏山に足駄をお拝む首途《かどで》哉《かな》

修験僧の像を前に、芭蕉は健脚ぶりにあやかる気持ちで詠んだといわれるけれども、情報収集には足が重要だ、と訴えているように解釈できないだろうか。

芭蕉らは名取川を渡った。いよいよ情報収集の標的、仙台藩に入ったわけである。芭蕉の研究者らによると、そもそも芭蕉は歌枕を求めて行きたい場所の一つが塩釜（現在の宮城県塩釜市）であった。国（伊賀国上野）の知人、窪田惣七郎という富商に宛て、「待ち侘び候、塩釜の桜、松島の朧月」と伝えている。

実はこの人物が芭蕉のスポンサーであったのではないか、と私は見ている。富商とは豪商とまではいかないけれどもかなりの金満家である。この人物が権力者、すなわち伊賀藩の上層部と連絡を取り合って芭蕉を仙台藩の偵察に向かわせたのではあるまいか。

藩の上層部は富商や豪商と繋がっているケースが多い。たとえば現在の三井、三菱などの財閥や、紀伊国屋文左衛門とか鴻池新六など酒造業、海運業、両替商を幅広く行って時の権力者と繋がり、さらに財を築いたのは歴史が証明している。

窪田惣七郎は芭蕉に出資し、俳壇という隠れ蓑をうまく活用して伊賀藩と繋がりさらに金満家として太っていったのは間違いなかろう。伊賀藩も幕府に操られているフシもあったと考えられるから、実際の指令者は幕府ということになる。

幕府にとって仙台藩は脅威の存在であった。片目を刀の鍔で隠す時代劇や銅像のイメージで知られる伊達政宗は、武士の強さの象徴といった人物だ。この強力な外様大名に、幕府は警戒していたのだろう。政宗が十五年目にして授かった娘、五郎八姫に婿入りしたのが家康の六男、松平忠輝であった。徳川家と仙台藩は姻戚関係となったものの、二人は後に離縁してしまう。緊張関係は依然続いていたのだろう。

江戸時代は幕藩体制であり、幕府の下に三百ほどの藩が存在していた。石高トップは加賀藩。前田家の加賀百万石である。次いで薩摩藩であり三番目が仙台藩なのであった。六十万石との表石だが、実際は加賀藩と同程度、百万石とも言われていた。一石は現在の三十万円ぐらいとすれば、金額に直すと約三千億円也。

外様大名は石高が多くても格が低く、江戸城で将軍と拝謁の場合、控えの間（殿席）で待機しなければならなかった。けれども仙台藩だけは別格で、徳川御三家と同等であった。仙台藩の経済基盤は米穀（奥州米）と豊富な漁業量に支えられていた。江戸時代、遥かに栄えていた石巻港から船で奥州米を江戸へ運んでいたのである。ちなみに石高は仙台藩の後に尾張藩、紀州藩と続く。

仙台藩は外様大名である。幕府にとって油断は禁物である。万が一ということもありうる。あらゆる手を使って情報を得なければならない。樽から一滴の汁の情報も漏らさずに掬いあげる慎重さが必要であったであろう。

そして芭蕉が塩釜に行くとの情報をキャッチして、これを活用したのではないだろうか。

芭蕉と曽良が越河番所から仙台藩に入ったのは五月三日のこと。「三日、雨降る。己の上尅、止。飯坂を立。桑折＝伊達郡内」と曽良は旅日記に記している。

番所や関所は藩から藩に入国するためのチェック機関である。ここで犯罪人や怪しい人物、隠密等を防ぐ。現代なら入国管理局といったところか。

参勤交代で江戸に入った大名の娘たちが「江戸が嫌になった」との理由で国へ帰るケースが増えるようになった。実際は情報を国へ持ち帰るためであった。これを受け、幕府は関所、番所をさらに強化した。いわば情報漏洩阻止の狙いである。

俳句を介したネットワーク

江戸幕府を守る小田原の関所や箱根の関所の厳しさは有名である。同様に、芭蕉と曽良が通過した越河番所も厳しいものであった。なにしろ百石以上の藩士が務める重大な五か所の番所の一つだ。

がっしりとした番所の門が街道のど真ん中にいかめしく建っており、両側は土手が築かれている。入国するにはどうしてもこの門をくぐらなければならない。門番をはじめ、下役人の態度は、「どこから来たか、どこへ行くか、目的は何か」とすこぶる威圧的。

旅人は圧倒され、ペコペコしながら応えるとようやく門をくぐることができた。下役人が再び、名前、住所、入国の目的を聞く。それを上役に伝え。上役は帳面に記す。旅人の面容、あやしい素振りは更に厳しく調査される。抵抗すれば捕縛されてしまう。なにしろ番所には目につくように三つの道具が設置されていた。捕縛用の突き棒、さす又、袖がらみである。前出の絵師、谷文晁の日記も番所の厳しさを伝えている。

「宿中仙台よりの番所あり。長柄三ツ道具等飾り、関守下役人と思しき者出て、何方へ何様にて通るといちいち聞く。余が僕用向きは知らず。南部へ通るとばかりに断り過ぎる」
（『婦登古路日記』）

谷文晁の側近が「松平定信公の絵師、谷文晁先生であるぞ」と囁いたのかもしれない。谷文晁自身も強い口調で「南部に行く」と言うと、下役人は態度をガラリと変えたのであった。

加賀藩の番所も厳しいものとして知られていた。隠密、情報屋、間諜、忍者が各地から偵察にきたからだった。かの伊能忠敬らも目的は日本地図作成であったが、警戒されて調査に非協力的であったという。幕府に次ぐ石高ナンバーワンの加賀藩の堺番所では五千石から一五〇〇石の家臣が数名詰めていたし、与力は三人、足軽ら総勢三十人態勢であったという。鉄砲と槍がそれぞれ七十本設置されていた。

かように厳しい番所、関所もなんなくクリアーして旅を続けた芭蕉と曽良である。優遇措置を受けていないはずはない。「僧の格好をした年寄りが二人通るから」との通達があったに違いない。単なる歌枕の探索の旅だけでは、あり得ない待遇ではないか。

そしてもう一つ。それは宿泊代だ。一五〇〇日以上の宿泊代は膨大な費用がかかる。しかも脇陣屋という高級な場所に泊ったりもしている。一般庶民は旅籠屋に泊まるのが常であるが、芭蕉と曽良は旅籠屋に泊まることは少なかったのである。これだけ材料が揃えば、スポンサーが存在したことは間違いない。

まずは仙台藩を見ると、当時の藩主は伊達陸奥守綱村であった。仙台藩のなかにも俳句を嗜んだ藩士もいただろう。俳句をネタに情報交換をした可能性はある。かの加賀藩が小林一茶を招いたことが記録されている。

一茶は芭蕉と並んで江戸の三大俳諧師の一人である（もう一人は与謝蕪村）。

加賀百万石前田家の本陣に招かれた一茶は、句を披露した。

御免なり将棋の駒は箱の内

将棋の駒も箱に入れればみな一緒。つまり王将でも角でも桂馬でも歩でも同じだといい、人間の上下に差はなく平等である、と。所詮、人間はみな同じと権力者へちょっぴり皮肉を込めているのか。前田侯は時の権力者、徳川家を念頭に置いて解釈したのか、「おもしろいことを言う奴」と一茶を讃えて絹織物を与えたと伝えられている。一茶もその後に阿波、松山に旅を続けているが、情報屋のミッションもあったのだろうか。

しからば芭蕉も似たように藩に招待されて句を披露する機会もあったのではないか。藩までとはいかずとも地元の金満家に招かれていただろう。たとえば仙台の大崎庄左衛門の存在。富商である。出羽国では鈴木清風という大富商もいる。紅花で大儲けして海運業や両替業を営む。さらに経済都市でもあった酒田では、伊藤弥左衛門や鐙屋《あぶみや》といった富商がおり、鶴岡藩、新庄藩など各地にも富商が存在しているのだった。もちろん俳句を介してのネットワークである。

そうなると、藩主クラスはこの俳句ネットワークを活用しようと企てるのが自然ではないか。芭蕉は旅の途中で手紙を何度か書いている。各藩のスポンサーとの連絡ではなかったのか。もちろん優秀なマネージャーともいうべき曽良が芭蕉の窓口となっていたはずである。

芭蕉と富商のやりとりは、ざっとこんな具合だったのではないだろうか。

富商「この件については曽良殿に申し伝えた」

芭蕉「承ってござる。曽良は勘定を心得ておる。状（メモ）もしっかりとわしに伝えるから、申し分はない。曽良がいなかったらわしは何もできん」

曽良の実務家の才を芭蕉は認めていたと思われる。歌枕の調査にしてもあるいはスポンサーとの窓口となって金銭のことも一手に引き受けていたと思われる。それだけ二人の間には信頼関係が構築されていたのだろう。

スポンサーからの歓待ぶりも一部紹介しておく。

ある時芭蕉は、奈良茶づけをご馳走になった。奈良茶漬けとはお茶を煎じた湯で炊いたご飯のこと。大豆、小豆、栗などを混ぜた炊き込みご飯である。江戸の明暦の大火後、浅草寺門前の料理屋で大流行した料理であると伝えられている。

芭蕉は自虐的なところがあった。「蒲柳の身」だと強調しているフシもあるけれど、生来、虚弱体質ならば東北を自身の足で歩き抜くことはできまい。自虐的なことといえばこんな句もある。

蚤虱馬の尿《ばり》する枕もと

馬小屋の隣で小便の臭いがするところが寝床、蚤《のみ》や虱《しらみ》に襲われて、ひどい目にあったというのである。この手の記述は他にもあり、土間の上に筵を敷いて寝たが、一晩中蚊に刺されて寝られなかったという。おそらく芭蕉は読者のことを考えて面白くするために自虐ネタを入れたのであろう。良い処に寝て豪勢な食ばかりだと読者の反感を買うことを知悉しての記述であろう。

さて各藩の富商たちのネットワークを背景に芭蕉を俯瞰してみると、さまざまな可能性が浮上してくる。

まずは絶景を誇る松島である。芭蕉はここで句を一つも作っていないのである。曽良の旅日記によると、

「師、松島にて句なし……たいせつなことなり」

何が大切なのかは明確に記していない。曽良自身の句は残されている。

松島や鶴に身をかれほととぎす

芭蕉は常に曽良と一緒の行動ではあるが、別行動の時もあった。激しい雨の後で道が滑

りやすくなりコースのことで揉めたらしい。あるいは常に一緒というのも息苦しく感じて、ある種の息抜きとの声もある。が、別行動は情報屋の一面とも思えてくる。

芭蕉は盛岡藩に入り、平泉にやってきた。のちに有名となる句を詠んでいる。

夏草や兵どもが夢の跡

〝情報戦〟に敗れた義経が北の地に逃げ延びて最期となった。芭蕉は感傷的になったのであろうか。出羽国では三大急流のひとつの、最上川を見て、一句。

五月雨を集めて早し最上川

一滴一滴の雨が集まって大河となる――ごく些細な事柄でも積み重ねれば大きな情報となって時代を動かす激しい力となる。そんなふうにもとれなくもない。とはいうもののこんな記述も「奥の細道」にはある。

「山崩　川流て道あらたまり、石は埋て土にかくれ　木は老て若木にかわれば　時移り代変じて其跡　たしからぬ事のみ」

時代の流れを達観していたのは、晩年に差し掛かっていたのかもしれない。元禄七年（一六九四年）、芭蕉は大阪を訪れた際に体調を崩し十月に生涯を閉じた。享年五一。辞世の句が残された。

旅に病んで夢は枯野をかけ廻《めぐ》る

……枯野を駆けめぐっても「情報」を掴もうとする執念にも思えてくる。

曽良は芭蕉の認めた情報屋であったのだろう。富商を介してさまざまな情報が幕府に寄せられたに違いない。だからこそ幕府は曽良を巡見使として選抜し、要請したのだった。曽良はこれを即座に受諾し、船による薩摩藩、島原藩、長州藩、土佐藩と九州、四国の偵察員の一人となった。九州行は曽良の長年の夢であったという。宝永六年（一七〇九年）十月のこと。曽良という名前ではなく、本名の岩波床左衛門としてであった。

巡見使としての功績はいかなるものであったのか。その後、幕府は薩摩藩、長州藩、土佐藩らに押し倒されることとなる。

情報合戦かしましい江戸時代。絵師、測量士、将棋指し、俳諧師など、全国各地を移動する生業を利用しようとした為政者が存在し、才能に満ちた情報屋たちは暗躍を続けた。徳川幕府は二六〇年という異例の長期政権を達成する一方で、国内の倒幕勢力によって葬り去られた。

幕府を守ろうとした側も、倒そうとした側も、情報屋を駆使して策を練り、時代の変化に対応しようとしていたのだろう。

大橋義輝（おおはし・よしてる）

ルポルタージュ作家。

東京・小岩で生まれ育つ。明治大学（文芸学科）、米国サンノゼ州立大学（ジャーナリズム学科）、中国アモイ大学（中国語）、二松学舎大学（国文学科）等で学ぶ。

元フジテレビ記者・プロデューサー。元週刊サンケイ記者。

黒澤映画のエッセイ「私の黒澤明」で最優秀賞（夕刊フジ）。

著書に『おれの三島由紀夫』（不死鳥社）、『韓国天才少年の数奇な半生』『毒婦伝説』『消えた神父を追え！』『拳銃伝説――昭和史を撃ち抜いた一丁のモーゼルを追って』『紫式部“裏”伝説――女流作家の隠された秘密』『アメリカと銃――銃と生きた４人のアメリカ人』『赤口の刃――原敬暗殺事件と中岡艮一』『消えた神父、その後――再び、BOAC スチュワーデス殺人事件の謎を解く』（以上、共栄書房）、『「サザエさん」のないしょ話』（データハウス）。

江戸時代のスパイたち――泰平の世に暗躍した才人の裏の顔

2024年７月10日　初版第１刷発行

著者 ―― 大橋義輝
発行者 ― 平田　勝
発行 ―― 共栄書房
〒101-0065 東京都千代田区西神田2-5-11出版輸送ビル2F
電話　03-3234-6948
FAX　03-3239-8272
E-mail　master@kyoeishobo.net
URL　https://kyoeishobo.net
振替 ―― 00130-4-118277
装幀 ―― 黒瀬章夫（ナカグログラフ）
印刷・製本― 中央精版印刷株式会社

ISBN978-4-7634-1118-1 C0036